知的生きかた文庫

入社1年目から、仕事の数字に強くなる本

深沢真太郎

三笠書房

はじめに

「仕事をする」という選択をしたすべての人へ

あなたは〝仕事をする〟という人生をいったん選びました。素敵なことです。
私はそんな人の背中をほんの少しでも押す存在になりたくて、いまの活動をしています。

深沢真太郎です。私はビジネス数学の専門家であり、簡単にいえば、「数字に強い」ビジネスパーソンを育成するプロフェッショナル。全国の企業で社員研修をしたり、このような書籍などを通じて「数字の使い方」を伝え、企業の人材育成をお手伝いしています。

私が研修やセミナーなどの場でお伝えしている内容には、ある特徴があります。
それは**「仕事をする上で、誰にとっても必要なもの」**だということです。

実際、私の研修コンテンツは大手企業に採用されていますが、その対象は入社1年目から経営層まで実に幅広いのです。もちろん入社1年目と経営層では、仕事の内容や責任の大きさがまったく違います。しかし、仕事をする際に行う行為はほとんど同じです。

たとえば「目標設定」という仕事。経営層はその会社の目標を売上や利益といった数字で設定します。一方で入社1年目のビジネスパーソンはどうでしょう。「資料作成を3日後までに終える」「今週中に商談のアポイントを5件獲得する」といった具合に、目標を数字で設定していくのではないでしょうか。つまり仕事をする際に行う行為はほとんど同じなのです。

実は業種や役職に関係なく、成果を出す人にはある共通点があります。

それは、「数字に強いこと」。

私はこれまで、ビジネスパーソンが発する「ワタシ、数字に弱いんです」といった言葉をたくさん聞いてきました。そして私はそのような人たちに次の問いを、同じようにたくさん投げかけてきました。

「数字に弱いとおっしゃいますが、具体的に何が弱いのでしょうか？　何が苦手なのでしょうか？　どうなったら数字に強いといえるのでしょうか？」

ところが、この問いへの答えがとても曖昧であったり、「う〜ん、何でしょうかねぇ」といった反応がとても多いのです。つまり、ビジネスパーソンのみなさんは**なんとなく「数字に弱い」といっているだけで、その正体について言語化できていないのです。**これでは、いつまで経っても「数字に強い」ビジネスパーソンになれるわけがありません。では数字に強い人とはどういう人のことを指すのか、私がこの活動をする中でたどり着いた答えを示します。

「数字に強い」とは、数字で話せること。

たとえばある会社の売上が急上昇しています。この状態を「いま売上がヤバいです！」とか、「いい感じです！」と表現する人と、「今月は売上が前月比150％です。商品別に分類すると、先週リリースした新製品の貢献度が25％と高く……」と表現する人とでは、どちらが数字に強い人といえるでしょうか。

もちろんあなたの答えは後者だと思われますが、重要なのはその理由です。

もうおわかりでしょう。数字で話しているからです。そしてなぜ数字で話せるかというと、普段から自分の仕事に関係する情報や概念を数字で認識し、数字で考え、数字で評価し、数字で説明しようとしているからです。

かつて算数や数学の勉強ができた。暗算が得意。会計やデータサイエンスの知識がある。どれも素晴らしいことです。しかしそれだけで「数字に強い」とはいえません。多くの人はここを誤解しています。

結局のところ、仕事の土台となるのはコミュニケーション力です。**そのコミュニケーション力に、説明力や説得力を増すために必要なのが「数字で話す技術」なのです。**

本書には、入社1年目からでもすぐに実践できる、具体的な技術を詰め込みました。読み終わって、「数字で伝えることが、ビジネスでは大事なんだなぁ」と腑《ふ》に落ちていただけたなら、正解です。

もしあなたが入社1年目のビジネスパーソンなら、いまとても不安なのではないでしょうか。「期待でワクワクしています」というのは模範回答ですが、本音はどうでしょう。本書はそんなあなたに、すぐに使える武器を提供するものです。そして何より、〝お守り〟のような存在になってくれるものです。

もしあなたが少しばかりビジネスパーソンとして経験を積んだ人であれば、いまさまざまな現実に直面しているのではないでしょうか。早く成果を出して認められたい。正解がほしい。時には、やってられない、できれば辞めたいと思うこともあるかもしれません。

そんなときこそ、原点に戻ってみてはいかがでしょうか。

本書に書かれていることは、あなたにとっては「知っていること」が多いかもしれません。しかし「知っている」と「やっている」は天と地ほど違います。**知って**

いるのにやっていないことの中に、必ず現状を突破するヒントがあります。

その何かを探す旅として、本書を使っていただけたらこれほど嬉しいことはありません。

「仕事をする」という選択をしたすべての人に敬意を表し、本書を届けます。

ビジネス数学教育家　深沢真太郎

Contents

第2章

「ちゃんと考えている」と自信を持てる論理的に考える方法

第3章

一目置かれるようになる 数字を使った報告の仕方・意見の言い方

第4章 データを活かせるようになる 数字を楽しく読むための7つの基本

第5章

実は先輩も知らない！ 数字とグラフを使った資料づくりのコツ

第6章

「伝わらない」がゼロになる！数字を使ったプレゼンテーションの技術

本文DTP／Sun Fuerza　本文イラストレーション／山内庸資

序章

入社1年目のあなたにまずお願いしたいこと

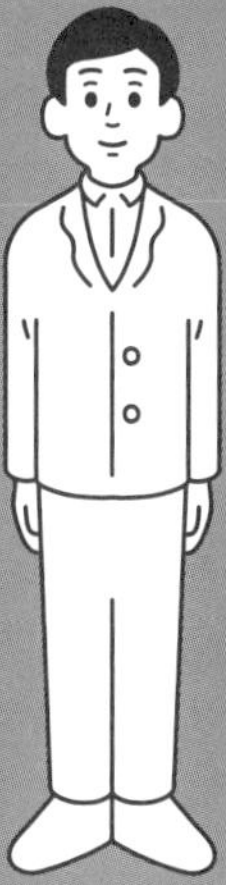

SECTION 1

まずは学生時代の「算数・数学」を忘れる

行動の裏には「数量」がある

いきなりですが、スリッパを思い浮かべてください。

もし、あなたが誰かからスリッパを渡されたら、無条件でそれを履くものだと認識し、もちろん「履く」という行為をするでしょう。

しかし、この当たり前の行為は、スリッパが左右ペアの状態で渡されているからしてしまうのです。

もしもあなたがスリッパを片方だけ渡されていたとしたら、いったいどんな行動をとったでしょう。それを履くという行動をするでしょうか（ちなみに私なら、その片方のスリッパで何かを叩きたい衝動に駆られるかもしれません）。

スリッパ（左右ペア）↓２↓履く
スリッパ（片方だけ）↓１↓叩く（？）

実は日常においても、これと似たようなことはたくさんあります。プライベートの飲み会に友人を10人集めるときと、１人だけ誘うときとでは行動がまったく異なるはずです。前者であればＳＮＳなどを駆使して呼びかけるかもしれませんが、後者ならもっとも参加してほしい友人の１人に連絡するだけです。

お伝えしたいのは、私たちには常に「数量」というものがついて回るということ。そしてその数量で、人は行動を決める場合もたくさんあるのだということです。

「数量が変わると、行動も変わる。ゆえに数量を間違うと、行動も間違う」

だから、私たちビジネスパーソンは数量に敏感でなければなりません。言い換えれば、数字というものをとても大切にしなければならないのです。

数字を使うメリットって何？

では、仕事で数字を使うことの具体的なメリットは何でしょうか。いろんな正解があるテーマだと思いますが、私が1つだけ答えを選ぶなら、迷わずこれです。

「決められる」

たとえばランチタイム。予算は1000円以内と決めておけば、1200円のビーフシチュー定食は、はじめから選択肢に入れないでしょう。つまり、「食べない」とすぐに決められます。

普段の仕事でも似たようなことがあるはずです。ある仕事を得意先に発注する基準が「○円以下なら発注する」というものならば、その金額（＝数字）で発注する・しないを決めることができます。

要するに数字とは、もっとも簡単に決めることができる強力なツールなのです。

学生時代の算数・数学の成績は関係ない

もしかしたら本書を「数字＝苦手」という認識で読み始めた方もいるかもしれません。でも安心してください。学生時代の算数や数学の成績は重要ではありません。いいえ、むしろまったく関係ありません。

私は仕事柄、いわゆる理系出身のビジネスパーソンともたくさんお会いします。しかし、彼らがみんな数字を駆使して仕事をし、キラキラ輝いているかというと、そんなことは決してありません。そんなことよりも、これからお伝えする「数字を使う」ことの意義とメリットを正しく理解していることのほうが、はるかに重要です。

入社1年目だとしても、それはもうビジネスパーソンの一員として周りから見られます。いますぐ学生時代の算数や数学からは卒業してください。スタートラインに立ったあなたを、私が全力でサポートします。

一緒に数字の使い方を楽しく学んでいきましょう。

SECTION 2

数字を「言葉」として使う

好きなことを数字で表現する

突然ですが質問です。深く考えず直感で答えてみてください。

Q1　あなたの好きな数字を教えてください
Q2　あなたの好きなこと（趣味など）を数字で表現してみてください

妙な質問に「？？？」と感じたかもしれませんが、これは私が登壇するセミナーや研修の冒頭で行う数字を使った遊びです。どんなに数字が苦手だと思っている人でも不思議と「Q１」は笑顔で答えてくれます。「Q２」は少し難しかったでしょうか。ちなみに私の答えは、「麻婆豆腐がとても好きで、週に１回から２回は食べます。あまりに好き過ぎて麻婆豆腐部というコミュニティを立ち上げ、現在は部員が50名の大所帯です」といったところです。

数字を使うことは特別ではない

なぜこのような遊びだと、楽に数字を使えるのでしょうか。それは、数字を表現のツールとして使っているからです。もっとシンプルにいえば、「言葉」として使っているということです。ここで私が提案したいのは、仕事をするときには数字を「言葉」として使う発想を持つということです。

「入社1年目です」
「11時に上司と私の2名で御社にうかがいます」
「資料は20部コピーすればよろしいでしょうか」

このような言葉を仕事で当たり前のように使っていませんか？ 数字を使うということは特別ではないし、少しも難しいことではないのです。

SECTION 3

計算は「言葉を組み合わせているもの」と考える

「計算する」を「数字・言葉」という視点で考える

数字は言葉であるということを踏まえた上で、「計算」について考えてみましょう。

たとえば利益を求めたいとき。一般的には次のような計算式になるでしょう。

利益＝売上－費用……（1）

いうまでもなく「利益」「売上」「費用」はすべて数字（＝言葉）です。

あるいは、給料はどんな計算で求められるでしょうか。一般的には次のようになるでしょう。

給料＝基本給＋1時間あたりの残業単価×残業時間……（2）

これもまた、登場するものはすべて数字（＝言葉）です。つまりビジネスで行う「計算」というものは、四則演算（＋－×÷）を使って言葉を組み合わせる行為といえるのです。

（1）の例ならば、もし利益として1億円ほしいのなら「売上」と「費用」が具体的にどんな数字（＝言葉）である必要があるかを自然に考えるでしょう。

（2）の例ならば、もし1か月の給料として30万円ほしいのなら、1か月の残業時間をだいたい20時間程度とするとどれくらいの基本給が必要か、といった思考回路になるかもしれません。

「計算する」の正体とは？

ビジネスにおいては、学生時代の算数のように何の意味付けもされていない「5×4＋4÷2＝？」といった計算は絶対にしません。必ず先ほどのような言葉の組み合わせが存在するはずです。

つまり、ビジネスで行う計算は、すべて次のようなプロセスで行われているのです。

あなたが「ほしい言葉（計算したい数字）」は何かを考える

←

それはどんな言葉の組み合わせかを考える

←

それらの言葉を具体的な数字で表す

←

それらを実際に組み合わせる（計算する）

←

あなたの「ほしい言葉（計算した数字）」が手に入る

このイメージを持つことが「数字で考える」ということであり、ビジネスパーソンがする「計算」の正体です。

第1章

社会人が毎日の仕事で期待されている数字の基本

「純利益3億円」ってすごいの？

ある日の朝、新人（男性）がオフィスに向かって歩いていました。すると、うしろから先輩社員が彼に声をかけます。

先輩「おはよう！　どうだ？　仕事、少しは慣れたか？」
新人「あ、おはようございます。まだ研修が終わったばかりで……」
先輩「だよな。まあ焦らずじっくり行こう。ところで今朝のニュース、見たか？」
新人「どんなニュースでしょうか？」
先輩「うちの競合にあたるA社の決算だよ。年間の純利益が3億円だぞ」
新人「あ、はい。3億円……あの、それってすごいんですか？」
先輩「いやいや（笑）、昨年の純利益は30億円だったんだぞ。つまり9割減」
新人「そんなに……。前年比90％ってそうあることじゃないですよね」

先輩の足が止まりました。少し怪訝《けげん》な表情を浮かべて、新人のほうを見ています。

先輩「……前年比90％？」

新人「え？」

先輩「それって、もしかして前年比と減少率を混同してないか？」

新人「……？」

先輩「それからな、競合の大まかな数字くらいは知っておいたほうがいいよ」

新人「あ、はい……」

先輩「新人って、最初はそういう細かいところで印象や評価が決まったりするものだから」

新人「そうなんですね。わかりました」

先輩「ちなみにさっきのA社の純利益3億円っていうのはな、その記事に出ていた従業員数で割ると従業員1人あたり3万円の純利益しか生んでいないってことだ」

新人「年間で3万円。たったそれだけですか……」

先輩「そう。すごいかどうかはA社のことをよく知らなくてもすぐわかるだろ？」

SECTION 1

仕事で使う数字はたった2種類しかない

年収5千万円は、すごい？

突然ですが、好きな著名人を思い浮かべてください。アーティスト、スポーツ選手、作家、誰でもけっこうです。その人の年収はどのくらいでしょうか。

仮にその人の年収を5千万円だとします。あなただったらどうやってこの金額がすごい（あるいはそうでない）ことを説明しますか？

おそらく日本人の平均年収、あるいはその著名人の同業者の誰かの年収、あるいはその著名人の過去の年収、そういった別の数字と比較することで説明しようとするはずです。

実はビジネスパーソンが仕事で使う数字は、たった2種類しかありません。1つは**「実数」**と呼ばれるもの。もう1つは2つの実数を比較することでつくられる

【「割合（%）」で表現するもの】

前年比…前年に比べてどのくらいか

たとえば　前年比 **110%** とは、
前年に比べて **ちょっと** 増えたことを意味する

男性比率…全体における男性の多さはどのくらいか

たとえば　男性比率 **55%** とは、
全体に比べて男性は **半分強** いることを意味する

顧客満足度…顧客のうちどのくらいが満足と評価しているか

たとえば　顧客満足度 **95%** とは、
ほとんど の顧客が満足していることを意味する

「割合（%）」と呼ばれるものです。要するにビジネスシーンでは数字という言葉が2種類あると思ってください。

「実数」と「割合」とは？

実数とは聞き慣れない言葉かもしれませんが、たとえば100円、3人、90分……といったものです。ビジネスはヒト・モノ・カネを動かすことといわれますが、これらを表現する際に使われる数字であり、実態そのものを表現するまさに「リアルな数字」のこと。先の例では年収5千万円がそれにあたります。

一方で、割合（%）とは、たとえば

前ページ図のような数字です。

「よい・悪い」「すごい・すごくない」といった〝質〟を表現する際に「割合（%）」という数字を使います。図の中の下線を引いたところに注目してください。

ビジネスにおいては「ちょっと」「半分強」「ほとんど」といった曖昧な表現でのコミュニケーションが許されない場合もあります。そんなときに「割合」という数字は、とても重要な役割を担う言葉なのです。

使いこなす必要があるのは「たった2種類の数字」

仕事で使う数字は、いま紹介した「実数」と「割合」のたった2種類のみです。

実数：ヒト・モノ・カネといったものの「量」を表現する数字
割合：その実数の「よい・悪い」を表現する数字

試しに、あなたが昨日どこかで目にした数字や、口から発した数字を思い出してみてください。おそらく、このどちらかに当てはまるはずです。

SECTION 2

勘違いしている人、多数！「前年比」と「前年増加率」

割合(%)の計算、大丈夫？

念のため、割合（%）という数字の〝そもそも〟を解説しておきましょう。

割合（%）＝比べる数字÷もとの数字×100

改めて見ると、割合（%）という数字は「比べる数字」「もとの数字」という2つの言葉から成り立っていることがわかります。言い換えれば、割合（%）という数字の裏には必ず2つの実数があるということです。

ちなみに、割合（%）という数字を使って計算するのは「割合」「比べる数字」「もとの数字」の3種類を求めるときです。33ページの例で確認しておきましょう。

うっかり逆にしない！

若手ビジネスパーソンがうっかりしてしまうミスに、「比べる数字」と「もとの数字」を逆にしてしまうことがあります。慣れるまでは、次のように理解しましょう。

「□に対して△は○％である」
□：もとの数字　△：比べる数字　○：割合

次ページ図の「前年比」という数字は、前年度の数字に対して今年度の数字は増えたのか減ったのかを表現するものです。よって「３００万円（前年度）に対して３３０万円（今年度）は１１０％」という構造になっています。このとき、前年度と今年度を逆にしないよう気をつけましょう。

また、この３００万円が３３０万円に増えたという事実をうっかり「前年増加率１１０％」と表現してしまうビジネスパーソンを何度か見たことがあります。「増加率」とは、増加した分がもとの数字の何％かを表現する数字です。増加した

【「割合(%)」という数字の考え方】

割合＝比べる数字÷もとの数字×100

比べる数字＝もとの数字×割合÷100

もとの数字＝比べる数字÷割合×100

割合 を計算するとき

前年度の売上高が300万円、
今年度の売上高が330万円ならば前年比は……

→ 330÷300×100＝110(%)

比べる数字 を計算するとき

全従業員800人の企業において
男性比率が55%だとすると、男性従業員の数は……

→ 800×55÷100＝440(人)

もとの数字 を計算するとき

あるリサーチで、満足と回答した顧客が380人おり、
顧客満足度95%という結果が出た。
このとき全回答数は……

→ 380÷95×100＝400(人)

のは30万円であり、これは300万円のちょうど10%にあたる数字です。よって「前年増加率10%」という表現でなければなりません。

ちなみに「前年増加率110%」とは、前年度300万円だったものが今年度630万円になったことを指します（330万円〈＝300×110÷100〉の増加ということです）。

ビジネスシーンでは頻繁に割合（%）という数字が登場します。そしてその数字から、頭の中で（あるいは電卓を使って）サッと計算しなければならない場面があります。

暗算の達人になる必要はありませんが、周りから「えっ、大丈夫？」と思われないように、割合（%）のポイントを必ずおさえておきましょう。

SECTION

3

「%」だけでは正確な情報にならない

まだある！　割合(%)の落とし穴

割合（%）という数字はクセ者です。というのも、すでにお伝えしたようにその裏に必ず2つの実数があるからです。こう言い換えたほうが伝わるかもしれません。

「割合（%）」だけを見る＝「2つの実数」を見ない

たとえば、「顧客満足度80%」という数字があったとします。これだけで「すごいね」と解釈するのは危険です。なぜなら、その裏にある2つの実数の存在をまったく無視した状態での解釈だからです。

たとえば、次のAとBのケースを考えてみます。

Ａ：ごく一般的な顧客をランダムに5名選んで調査した結果、4名が満足と答えた

Ｂ：超優良顧客1000人に調査した結果、800人が満足と答えた

ＡとＢどちらも顧客満足度80％です。しかし、Ａはたった5人しか調査していない結果であり、この80％が評価に値する数字であるかは少々疑問です。またＢは超優良顧客ですから、逆に20％が満足と答えていない事実のほうが重要ともいえます。いずれにせよ、顧客満足度80％という数字だけで「すごいね」とは評価できません。

「分母は何？」という視点を持つ

割合（％）という数字を使って「よい・悪い」「すごい・すごくない」といった〝質〟を読み解くときには、必ず「もとの数字」が何かを把握することが重要です。

このようなケースに遭遇したときにしてもらいたい指摘の仕方があります。

「その割合（%）の分母（もとの数字）は何ですか？」

割合（%）を分数表記したときに分母の数字を確認する。このような視点を持っておくだけで、先ほどのような落とし穴にはまらずに済みます。

「毎年10%ずつ増加」の意味

最後に、ここで紹介したエッセンスが役立つ事例を1つご紹介しましょう。
まずは次の文を読んでみてください。

「売上高ですが、毎年10%ずつ増加しています」

さて、あなたはこの表現をどう理解しましたか？
驚くことにこんなにシンプルな表現にもかかわらず、（私が目の当たりにしたものだけで）なんと理解の仕方が2種類あります。
具体的には、次ページ図のような理解です。〈ケース1〉は常に前年増加率が

【「10％ずつ増加」に対する2つの捉え方】

「売上高は、毎年10％ずつ増加しています」

ケース1

年度	2020年	2021年	2022年	2023年
売上高（万円）	1,000	1,100	1,210	1,331
前年増加率	−	10％	10％	10％

ケース2

年度	2020年	2021年	2022年	2023年
売上高（万円）	1,000	1,100	1,320	1,716
前年増加率	−	10％	20％	30％

10％と解釈した場合です。〈ケース2〉はその増加率が10％ずつ増えていくという解釈です。

これが「売上高は毎年100万円ずつ増加しています」であれば、おそらく全員が共通の認識を持つでしょう。

ところが割合（％）になると、このようなことが起こり得ます。その10％の分母が何なのかを把握しないと、誤った認識をしてしまう可能性があるのです。

裏を返せば、あなたが伝える側のときは、ここが気をつけなければならないポイントということになります。

割合（％）という数字における注意点をしっかりおさえてください。

SECTION 4

相手のモノサシに合った数字に変換する

同じことを表現しているけれど……

「大人の男性」「高齢の男性」「おじさま」「おじさん」「おっさん」

同じことを表現しているけれども、言葉によって伝わり方が微妙に変化します。そんなことが日常において頻繁にあります。そして私たちは、ＴＰＯに合わせてそれらの言葉を使い分けています。ならば、数字という言葉もＴＰＯに合わせて表現したほうが伝わりやすいということです。

続いて「数字の使い方の基本」としてお伝えしておきたいのは、表現を変える柔らかさを持つことの大切さです。

⏱ スティーブ・ジョブズの「割り算」

「割り算」を使った伝え方を説明するときに、いつも紹介する事例があります。

「今までに売れた iPhone は400万台。400万台を200日で割ると、1日平均2万台売れたことになる。すごいねぇ」

スティーブ・ジョブズ

故スティーブ・ジョブズ氏はプレゼンテーションがとても上手な人物とされ、(私の主観も入りますが) 言葉が極めて少ないプレゼンターでもありました。そんな氏が、なぜ短いプレゼンの中でわざわざ割り算をし、同じことを言い換えて伝えているのでしょうか。

あくまで私の解釈ですが、**答えは「モノサシ」にある**と考えます。

400万台。これはとてもインパクトある数字です。しかしそれがどれくらいすごいことなのか、一般の消費者にはどうもピンとこないでしょう。

【「先月の営業利益1,800万円」の変換例】

モノサシが「**前月より増えたか減ったか**」の先輩に対して

▼

「先月の営業利益は1,800万円。前月の20%増です」

モノサシが「**人員効率**」の課長に対して

▼

「先月の営業利益は1,800万円。1人あたり200万円です」

モノサシが「**時間効率**」の経営者に対して

▼

「先月の営業利益は1,800万円。営業時間あたり10万円です」

つまり、プレゼンを聞く側が持っているモノサシに合っていないのです。

だからそのモノサシに合った数字に変換し、同じことを「1日平均2万台」という違う数字で伝え直しているのではないでしょうか。

「モノサシに合った数字」とは

このエッセンスは、身の周りでもよく使われています。

たとえば、厚生労働省が公表した2023年の人口動態統計によれば、この年の婚姻件数は48万9281組、離婚件数は18万7798組です。

もし離婚件数の多さを主張したけれ

ば、「約3組に1組が離婚」という一度は聞いたかもしれない表現が思い浮かぶでしょう。こちらのほうが「そういうことね」と感じやすいはずです。

・レモン1個分のビタミンC
・スプーン1杯分の砂糖
・5秒に1個売れている人気商品
・従業員1人あたりの年間利益がわずか3万円の会社

私たちが頻繁に耳にするこれらの表現も、すべて伝えたい相手のモノサシに合わせて変換された数字です。このように言葉を相手に合わせて変換できるようになると、たとえば先月の営業利益が1800万円という事実も前ページ図のようにさまざまな形で伝えられるようになります。

相手によってどの数字に変換して伝え直すか。腕が試されるポイントです。ぜひ実践してみてください。**上司が「ああ、そういうことね」と反応したら、その伝え方は成功だった**ということです。

SECTION 5

「数字でないもの」を「数字」に変換する

曖昧な言葉を数字で表現する

「変換」というキーワードで、もう1つお伝えしておくべきことがあります。前項の内容は数字を別の数字に変換することでしたが、数字ではない言葉を数字に変換することもビジネスシーンでは必要になります。

たとえば、売上高、従業員数、給与額、通勤時間といったものは、最初から数字で表現するものです。

しかし、ビジネスシーンではこのように数字で表現されていないものもたくさんあります。

いくつか具体例を挙げましょう。

「この件は、なるべく早く対処します」
「ちょっと値段を下げて、ガンガン売っていきましょう」
「頑張ります！」

内容としてはどれも前向きでいいですね。しかし「具体的にどれくらい？」と思ってしまうのは私だけではないはずです。〝なるべく早く〟とはいつまでなのか。〝ちょっと〟とはいくらまでのことを指すのか。〝ガンガン〟とは何なのか。具体的に何がどうなったら〝頑張った〟ことになるのか。

あなたの上司が優秀なビジネスパーソンなら、間違いなくそんな指摘をしてくるはずです。

数字になっていない言葉を数字に変換する。これはビジネスパーソンである限り、必要となるビジネススキルです。

「どれくらい？」を自分自身に問いかける

とはいえ、実践することは決して難しくありません。相手が「具体的にどれくらい？」と指摘をしてくる前に、「具体的にどれくらい？」と自分自身に問い、ざっくりどれくらいかを数字に置き換えてしまう。ただそれだけです。


「この件は、いまから2時間以内に対処します」

「最大10％まで値下げし、1日あたり50個のペースで売っていきます」

「今月は先輩の営業同行を前月より10件増やし、そのうち2件は私がメインで商談を進めます。そのうち1件は受注をもらうことを目標に頑張ります！」


前ページの言葉と比べてどちらがビジネスシーンの会話として優れているか、いうまでもないでしょう。

数字ではない言葉を数字に変換するとは、こういうことです。

「どれくらい？」と尋ねられたらアウト

私は企業研修や公開セミナーなどで参加者の説明やプレゼンテーションを聞く機

会が多いのですが、その内容に対して頻繁に「それは具体的にどれくらいですか？」と尋ねるようにしています。

言葉に詰まり、ときには露骨に嫌そうな表情をされるケースもありますが、もちろん仕事ですので、私は意識的にこの問いを繰り返します。

それは彼らが職場に戻ったとき、上司などから同様の指摘をされてネガティブな印象や評価にならないようにするためでもあります。

「ビジネスシーンでは、相手に『どれくらい？』と尋ねられたらアウト」

このように思って仕事をしていれば間違いありません。

「どれくらい？」と尋ねられたということは、数字に変換するべきだった言葉を変換せずにそのまま使った証《あかし》だからです。

基本というものは決して難しいものではありませんし、できないものでもありません。

うっかりミスしやすいところに注意すること。
そして、やればできるのにやらないという〝サボリ〟をしないこと。ただそれだけです。

会話に数字を入れることを意識する

ちなみに、このようにビジネスコミュニケーションに数字を活用することを、私は「数会話《すうかいわ》」というネーミングで推奨しています。

数字で会話するから数会話。子供から大人まで理解できますし、数字は世界中で伝わる共通言語でもあります。特にビジネスシーンにおいては、非常に大事な要素といえるでしょう。

グローバル化の時代と呼ばれる現代にもかかわらず、多くの方が英会話には関心を持つのに数会話にはあまり関心を持ちません。裏を返せば、そこがほかのプレイヤーとの差別化になるともいえます。これからの時代に活躍される入社1年目の方には、ぜひ「数会話」も上手になってもらいたいです。

Column 1

社会人にとっての必須アイテム「電卓」

学生時代にレポートをスマホで書いていた世代からすれば、仕事で計算が必要な場面ではスマホの電卓アプリを使うことが常識かもしれません。しかし、私は（できるだけ）電卓を使って計算をすることを推奨しています。

もちろん理由があります。たとえば私たちが高級品を買う場面。接客をしてくださる店員の方はスマホではなく電卓で税込金額や割引後の金額を提示していないでしょうか。ビジネスの大事な商談で「お金の話」をする際には電卓を使い、間違いのない金額を提示するのが常識です。スマホのアプリはとても便利ですが、相手によっては「きちんとしていない」「テキトーな計算をして済まそうとしている」と感じてしまうかもしれません。事実、私はさまざまな企業研修の場で、慣れない電卓アプリを使って計算ミスをしている若手ビジネスパーソンをたくさん見てきました。

ビジネスにおいて「お金の話」をする場面は極めて重要なものです。そんな場においては、「この人は信頼できる人だな」「ちゃんとしているな」と思われたいものですね。

第2章

「ちゃんと考えている」と自信を持てる論理的に考える方法

ちゃんと考えて、ちゃんと説明して

ある新人Aとその同期B。たまたま帰り道で一緒になった2人は、近況報告を兼ねて近くのカフェで〝作戦会議〟を始めます。

新人A「はぁ……」
新人B「あ、ため息。どうしたの？」
新人A「あのさ、仕事の〝優先順位〟ってどうやって決めてる？」
新人B「そういえば入社してすぐの研修で、そんな内容の講義なかった？」
新人A「そんなのもう忘れちゃったよ（苦笑）。で、どうしてる？」
新人B「う〜ん、なんとなくかな……」
新人A「なんとなくか……実は私もそうなんだよね」
新人B「だって、考えてもわからないし。とにかくどれでもいいから何かしら仕事を前に進めておけばいいかなと思って」
新人A「実は今日、〝なぜその優先順位で仕事を進めているのか？〟って上司から説明を求められちゃってさ」

新人B「うわ、面倒くさそう……で、何て答えたの？」

新人A「〝自分なりになんとなく考えて決めました〟って答えた」

新人B「そしたら……？」

新人A「叱られた。〝ちゃんと考えなさい。そしてちゃんと説明しなさい〟って」

新人B「（笑）」

新人A「笑いごとじゃないよ！」

新人B「あ、ごめん。でも、その〝ちゃんと〟ってどういうこと？」

新人A「わからない……」

新人B「……」

新人A「でもたしかに〝なんとなく〟だと、上司に説明できないんだよね」

SECTION 1

「前提」を確認してはじめて仕事のスタートラインに立てる

「ちゃんと考える」ってどういうこと？

「考える」は仕事で欠かせない要素です。基本的な行為である一方、きちんと教わったことがない人がほとんどではないでしょうか？

たとえば、あなたも上司から「ちゃんと考えて行動して」といった主旨のことをいわれたことがありませんか？

でも、この「ちゃんと」ってそもそも何でしょう。それが曖昧だと、いつまで経っても「ちゃんと考える」ができるようにはなりません。

そこで、まずはこの「ちゃんと考える」を定義することにしましょう。具体的には、次の2つを指します。

【AさんとBさんの仕事に対する考え方】

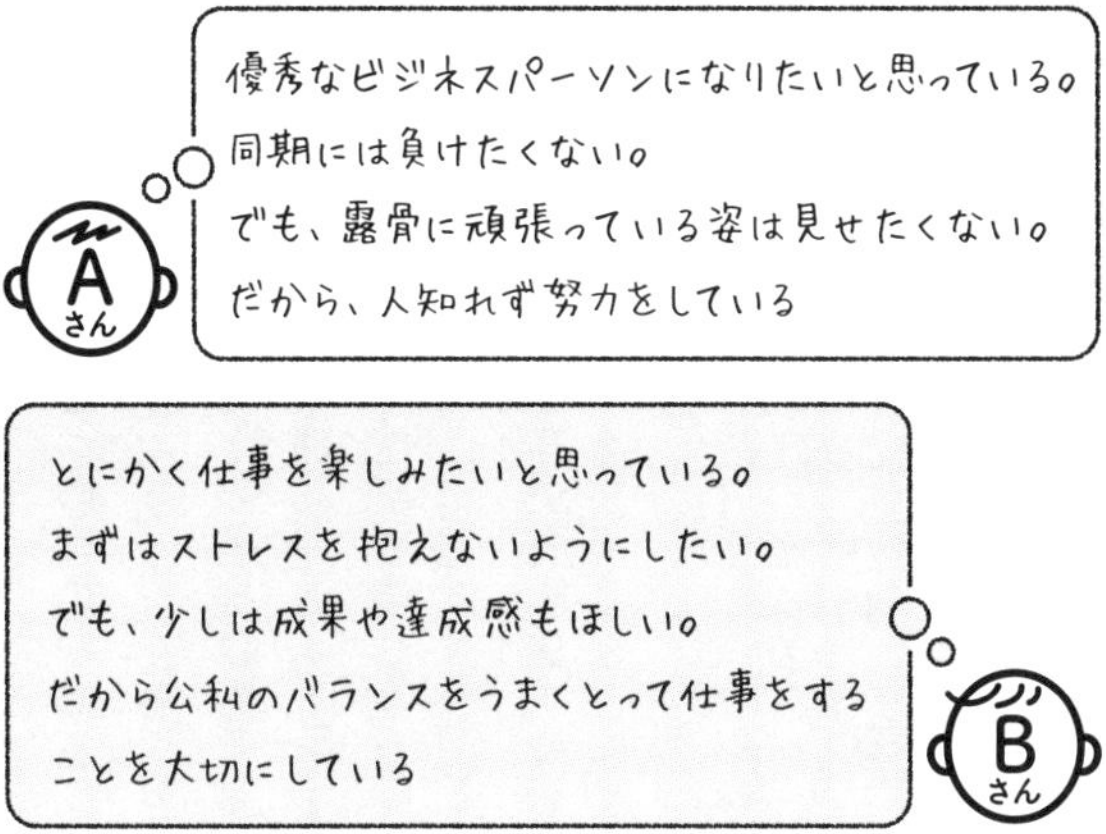
優秀なビジネスパーソンになりたいと思っている。
同期には負けたくない。
でも、露骨に頑張っている姿は見せたくない。
だから、人知れず努力をしている
Aさん
とにかく仕事を楽しみたいと思っている。
まずはストレスを抱えないようにしたい。
でも、少しは成果や達成感もほしい。
だから公私のバランスをうまくとって仕事をすることを大切にしている
Bさん

- **論理的に考える**
- **数字を使って考える**

はじめに論理的とはいったいどういうことか、考えてみましょう。

「論理的な考え方」とは？

「論理的な考え方」という表現を、これまで耳にしたことがあるかもしれません。簡単にいえば、筋が通った考え方のことです。たとえば2人の新人、AさんとBさんの仕事に対する考え方を比較してみます（上図）。

Aさんの内容を考えてみましょう。

人知れず努力をしているのは、「同期には負けたくない」と「頑張っている姿は見せたくない」という2つの理由があるからです。筋の通った考え方ですね。

また、「同期に負けたくない」はそもそもAさんが優秀なビジネスパーソンになりたいと思っていることが前提にあります。

一方のBさんも筋の通った考え方です。「ストレスを抱えないようにしたい」のは、Bさんがとにかく仕事を楽しみたいと思っていることが前提にあります。

前提があるから考え方が決まり、考え方が決まるから行動も決まるのです。

これが論理的な考え、行動するための基本です。

まずお伝えしたいのは、ビジネスのあらゆる場面において、「前提」というものが極めて重要だということです。「ちゃんと考える」ができる人とは、この前提を確認してから考え、行動することができる人のことをいいます。

前提が違えば、すべてが違ってくる

たとえば、3日後に使う会議資料の作成をしているとします。このようなときに確認するべき前提にはどんなものがあるでしょうか。

・モノクロの資料か？　カラーの資料か？
・A4サイズか？　B5サイズか？
・1ページで収めなければならないのか？　複数枚でもよいのか？

もし私なら、会議中にその資料を使って誰が説明するのかを真っ先に確認します。上司なのか自分自身なのかによって、仕事の進め方も変わってくるからです。もし、自分が説明するのであれば、説明の練習も必要になるでしょう。

上司がうっかり前提を説明し忘れて仕事を頼むというのは、案外多いものです。いわれるがままに作業をしたが、前提が間違っていたからムダになった、というような悲劇を避けるためにも、このような「前提の確認」を忘れてはいけません。

SECTION 2

「数学コトバ」を使うだけで論理的に考えて話せるようになる

「数学コトバ」とは？

論理的に考えるというテーマについて、さらに深めていきます。

論理的というそのフレーズ自体に苦手意識を持つ方もたくさんいます。「難しそう」「頭よさそう」といったところでしょうか。しかし、実はとても簡単なコツを知っているだけでよいのです。

そのコツとは、次ページの表で定義する**「数学コトバ」をビジネスシーンでの会話に使うこと**です。

この「数学コトバ」は私の造語であり、かつて数学を学んだ際によく使った用語のことです。なんだか難しい語彙のように感じるかもしれませんが、よく見れば誰もが普段から使っている接続詞がほとんどです。

【主な数学コトバ】

機能	数学コトバ
変換	「言い換えると」「裏を返せば」
対立	「しかし」「一方で」「でも」
条件	「かつ」「または」「少なくとも」
追加	「しかも」「さらに」「また」「そして」
仮定	「仮に」「もしも」
因果	「ゆえに」「したがって」「すなわち」
理由	「なぜなら」
要約	「つまり」「要するに」
結論	「以上より」

用例

先輩からはOKといわれました。
一方で、課長からはNGといわれました

アポイントの同行、または資料作成のどちらを優先するべきでしょうか？

私にはその仕事はできません。
なぜなら、経験がまったくないからです

⏻ 数学コトバを使って、2つを1つにする

数学コトバには、前後にある2つの文の関係を表現し、それらを整理して1つの表現にする機能を果たすものがあります。前ページ図の3つの用例などはその代表的なものです。つまり、数学コトバは物事を考えるにあたり、頭の中で整理したり要約したりするために役立つものなのです。

ですから職場に**「この人の話はいつもわかりやすいな」**とか**「この人は仕事がデキる人だ」という上司や先輩がいたら、その人の会話をよく聞いてみてください。**

「失敗体験がその人を成長させます。**言い換えれば、**たくさん失敗することで、成長するのです」

「私はA案で進めるべきと考えます。**一方で、**山田さんはB案を推奨しています」

「この仕事は迅速**かつ**正確にお願いします」

「納期が3日後に迫っています。**しかも、**人員が1名不足しています」

「**仮に、**いまこの会社を辞めたとして、次の職場でうまくいく保証は？」

「実績も経験もあります。**ゆえに**、この仕事は私が適任です」
「いまは対応できません。**なぜなら**、トラブルの緊急対応をしているからです」

このように、普段のなにげない会話の中で「数学コトバ」を使っていることに気づくはずです。話がわかりやすい人は例外なく、頭の中で整理したり要約したりすることが上手な人です。そんな人がどんな言葉を使っているのか、敏感になっておくことをおすすめします。

使う言葉が思考回路をつくる

一般的に、人間はポジティブな言葉を意識的に使うことでポジティブシンキングに近づくものです。少なくとも私は、いつもネガティブな言葉ばかり口にする〝ポジティブシンキング〟な人物には出会ったことがありません。

それと同じように、意識的に数学コトバを使っていくことで、自然に「論理的に考える」ができるようになっていくものです。いきなり「考え方」を変えようなどと思わず、まずは「使う言葉」を変えてみてください。

SECTION 3

「なぜなら」と「したがって」を自分に問いかける

こんなとき、どうする？

数学コトバの中でも特に重要なものは、「なぜなら」と「したがって」です。たとえば次のケースについて考えてみます。

〈ケース〉
ある仕事の進め方について1年先輩の2人に相談。ところがまったく違う指示をされてしまい、どうしたらよいか困ってしまった。どうする？

「どうにかする」や「自分なりに頑張ってみる」ではいけません。特にまだ入社して間もない新人ならば、どうにかならないことのほうが圧倒的に多いはずです。しかも指示をしたのは1年先輩。本当にその指示が適切かも疑わないといけません。
このようなときこそ、「ちゃんと考える」をしたいもの。まさに論理的に考える必要がある状況です。あなたならどう考えて、実際の行動を決めるでしょうか。

「なぜなら」と「したがって」

論理的に考えたいとき、まずは「なぜなら」という言葉を自分に問いかけてみます。すると次に考えるべき、あるいはいうべき「　」の中に何が入るのかを考えることができます。そして理由がはっきりしたら、それを踏まえてどうするかを考えます。そのときに「したがって」という言葉を自分に問いかけることで、次の「　」の中に何が入るのかを考えます。

「どうしたらよいか困ってしまった」
←（なぜなら）
「おそらくこのままでは自分で判断できないから」
←（したがって）

「課のトップである課長に直接相談し、その指示を正として動く」

たった1回ずつですが、「なぜなら」と「したがって」を使うことで、最適な行動が何かを判断することができました。

ちゃんと考えると次は失敗しなくて済む

この「なぜなら」と「したがって」は、物事を判断するときだけでなく、何か失敗してしまったときに、その原因を分析するためにも役立ちます。さらに今後はどうするかを検討するときにも役立ちます。

「とりあえず2人の先輩に相談してしまった」

←（なぜなら）

「そもそも、誰に相談すべき内容だったのかがわからなかったから」

←（なぜなら）

「未経験の事案だったから」

←（したがって）

「今後このようなケースでは、まず誰に相談するべきかを確認する」

←（したがって）

「未経験の事案で悩むことがあれば、まず課長に〝誰に相談するべきか〟を確認する」

こう考えれば、今回の経験は次回に向けての改善に役立ちます。「ちゃんと考えている人」とは、こういうことができる人のことなのです。

自分に問いかければ論理的に考えられる

ここでお伝えしたポイントは、次の2つです。

- 原因や理由を考えたいときは「なぜなら」を自分に問いかける
- 具体的にどうするのかを考えたいときは「したがって」を自分に問いかける

重要なのは、自分自身に問いかけるということです。人は数学コトバを自分に問いかけることによって、はじめて論理的に考えることができます。

あなたも誰かから質問されることで、考えるという行為が始まることはないでしょうか。たとえばプライベートのパートナーから「私のこと、どう思っているの?」と質問されることで、実際どう思っているのかをちゃんと考え、それを言語化しようとしませんか?

あるいは講師がまったく質問をしないセミナーや研修を想像してください。参加者は「考える」という行為を率先して行うでしょうか? 講師から質問を投げかけられたことで、具体的に考えたり、議論が進んだりした経験はありませんか?

つまり、考えるという行為を促進するためには、質問してもらうことが有効なのです。ただ、いちいち誰かに質問してもらうのは現実的ではありませんので、自分で自分自身に質問するのがもっとも合理的です。

プライベートの時間はさておき、ビジネスシーンではぜひ、「なぜなら」と「したがって」という2つの数学コトバを自分に問いかけるクセをつけてください。

SECTION 4

「1分で要約」「1行で要約」を習慣にする

要約されていない「要するに」

何事においても、要約が重要だというのは誰もが実感したことがあるでしょう。仕事をしているときはもちろん、学生時代のゼミナールや就職活動の場などでも、頻繁に要約した説明を求められる機会があったはずです。そんなときに使うのが、数学コトバの中にある「つまり」「要するに」といったものです。

しかし、単にこれらの言葉を使えば要約した状態がつくれるかというと、そうではありません。誰かの発した「要するに○○」の○○が少しも要約されていないケースは、多くの人の〝あるある〟ではないでしょうか。そこで、本項ではこの「要するに○○」の○○をどうつくるか、そのコツをお伝えします。

制限せざるを得ない状況を自分でつくる

先述したように、「要するに」は要約された状態のものを伝える際に使う言葉です。つまり、ちゃんと考えた上での発言になっているはずです。

では、その「ちゃんと考える」とはどういうことか。ポイントは、次のような視点を持つことです。

もし1分しかなかったら
もし1行しかなかったら

人は制限されると、その範囲でどうにかしようとします。たとえば1週間を3000円で過ごさなければならない状況になったら、どうにかやりくりできるものです。これと同じように、要約しなければならない状況を自分自身で無理やりつくればよいのです。

具体例を1つ挙げましょう。

次の長文は、ある新人ビジネスパーソンが上司に対してライバル企業の現状を簡単に報告する内容です。ただ、これをそのまま説明するには3分程度はかかりそうです。

そこで、もし1分しか時間がなかったら、もし1行しかスペースがなかったら、という視点で重要なところだけ抜き出していけば、自然に要約された内容になっていきます。

報告する内容(3分程度時間がある場合)

A社の現状について決算資料の情報を中心にご報告させていただきます。

4月28日、2023年3月期(国際会計基準)の連結決算は、売上高が前年比8・2%減の2兆288億円、本業の儲けを示す営業利益が66・9%減の338億円、純利益が94・5%減の34億円と発表しました。つまり大幅な減収減益です。

A社は2020年春に始まったコロナ禍を境に成長が止まっています。2

019年度までは14年連続となる増収を達成。しかし市場の変化に危機感を抱き、急ぎ新規事業をスタートするために従業員を増やしました。結果として組織は肥大化し、高コスト体質の企業になってしまいました。

その「高コスト体質」の象徴といえる人件費を確認します。2020年度は4388億円でしたが、2023年度には5124億円にまで膨れ上がっています。

いまも従業員数は肥大化したままです。2020年度末の従業員数は約8万3000人でしたが、2023年度末では約10万9000人にまで膨れ上がっています。約2万6000人も増加しています。

危機を感じてか、2024年度は約3700人減らす予定ですが、それでも約10万5000人もいる状態です。

もし1分しかなかったら……

➡

A社の現状ですが、直近の数字は純利益94・5%減という大幅な減益。2020年に始まったコロナ禍を境に成長が止まっているにもかかわらず従業員は肥大化したままであり、「高コスト体質」が失速の最大の要因と思われます。

もし1行しかなかったら……

「高コスト体質」から抜け出せず、直近の数字は純利益94・5％減。

要約が苦手なのであれば、この「1分」「1行」の制約を設けると、誰でも本当の意味での「要するに〇〇」がいえるようになります。

「それでは伝えきれるか不安」という方もいるかもしれませんが、もし相手が「要するに〇〇」だけでは不十分だと感じ、さらに詳しく知りたいと思ったなら必ず質問してきますので、それに対して適切に答えれば問題ありません。

SECTION 5

誰でも簡単に〝決める〟ができる「重み付け評価」

〝決める〟ための数字の使い方

ここからは「数字を使って考える」とはどういうことかを説明していきます。

序章の中で、私は数字を使うメリットとして「決められる」ということをお伝えしました。どんな仕事においても、決めるという行為は避けて通れません。

そこで、何かを決めなければならないとき、とても役立つ数字の使い方を説明しましょう。

まずは、「重み付け評価」です。これは、誰でも使えるとてもシンプルな意思決定法です。

手順は次ページ図のようになります。

【重み付け評価のための4つのステップ】

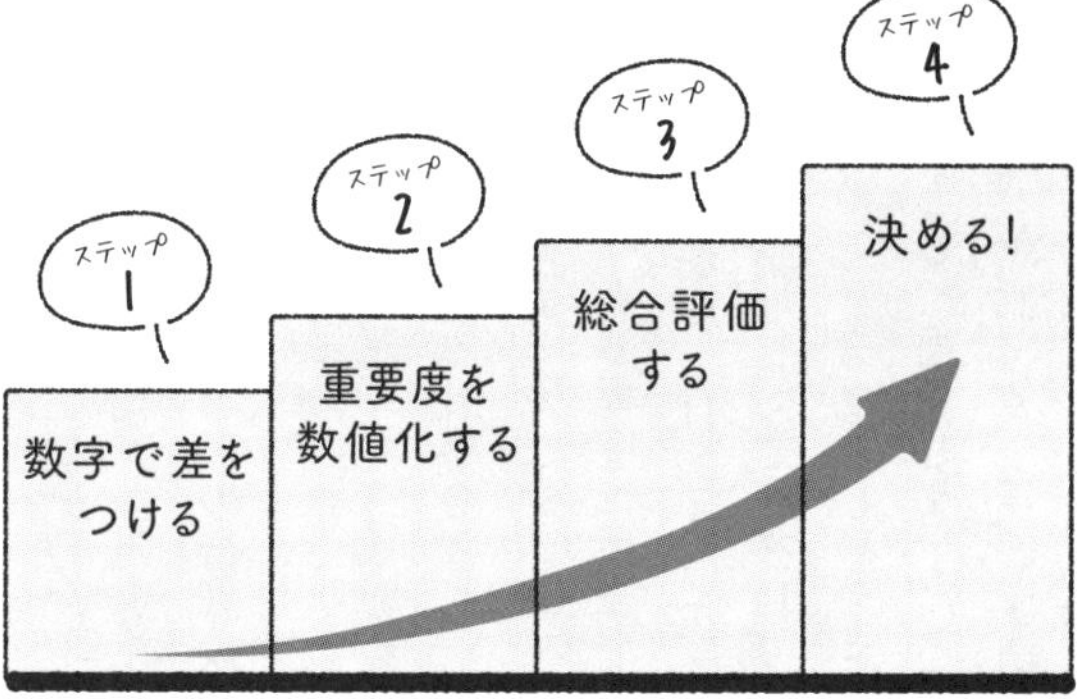

「判断基準」と「重要度」

身近な具体例を挙げましょう。

たとえば、あなたが友人との食事会を企画することになり、お店を決めるとします。その判断基準にはどんなものがあるでしょうか。

仮にここでは候補となる店はA、B、Cの3つとし、判断基準を「食事の値段」「アクセスしやすさ」「グルメサイトの評価（点数）」の3つとしましょう。

さらにこの3つの店を相対的に比較し、評価をまとめます（73ページ〈表1〉）。「食事の値段」についてはここではリーズナブルなほう、「アクセスしやすさ」はより近いほう、「グルメサイトの評価（点数）」はシンプルに高得点の店をそれぞれ〝良い〟とします。そしてその評価をたとえば3点満点でスコアリングします（次ページ〈表2〉）。

ところがこの例ではスコアの合計（総合評価）がすべて6点になります。これでは決めることができません。

そこで、3つの判断基準の〝重要度〟も数値化してみます。たとえば、仕事を終えた平日の夜に開催する食事会なら、参加者がアクセスしやすい場所に店があることがもっとも重要かもしれません。

次に重要なのは、ある程度は信頼できる「グルメサイトの評価（点数）」、今回に関しては「食事の値段」はあまり重要視しないと考えます。この重要度を③、②、①、という形で数値化し、それぞれの点数に重み付けを行います。

たとえばA店の「アクセスしやすさ」は本来2点ですが、重要度が③ですので2点を3倍の価値として換算します。こうすれば合計（総合評価）が14点のB店が選ぶべき店であると評価でき、迷わず決めることができます（次ページ〈表3〉）。

【お店を選ぶための「重み付け評価」】

表1

店	食事の値段	アクセスしやすさ	グルメサイトの評価（5点満点）
A	比較的リーズナブル	普通	3.2
B	ちょっとお高め	近くて良い	3.5
C	普通	遠くて不便	3.9

表2

店	食事の値段	アクセスしやすさ	グルメサイトの評価	総合評価
A	3	2	1	6
B	1	3	2	6
C	2	1	3	6

同点で決められない！

表3

重要度	①	③	②	
店	食事の値段	アクセスしやすさ	グルメサイトの評価	総合評価
A	3×①=3	2×③=6	1×②=2	11
B	1×①=1	3×③=9	2×②=4	14
C	2×①=2	1×③=3	3×②=6	11

総合評価の点数でBのお店に決められる！

「差」をつける勇気を持つ

この重み付け評価はビジネスシーンにおいても頻繁に使えます。たとえば、複数あるものの中から1つを選ばなければならないときです。

具体的には、次のような場合が考えられるでしょう。

- いくつかの候補の中から発注先を選ぶとき
- 抱えているいくつかの仕事の中で、いまやるべきものを選ぶとき
- 自分が決めたその内容を上司などに説明するとき

数字を使わない定性的（性質面で表現すること）な議論や説明では、いつまで経っても差を明確にすることができません。一方、数字には大小があるため、重み付けを使うことで明確に差がつくれます。結果、「決める理由」を手に入れることができます。

そういう意味で、この行為の本質は「差をつけること」といってもよいでしょう。

ステップ1でそれぞれの評価項目において差をつける。
ステップ2で重要度をもとに差をつける。

つまり、思い切って差をつけることが極めて重要なのです。

何事もそうですが、決めるためにはほんの少しの思い切りや勇気が必要です。その勇気さえあれば、数字は強力な武器になってくれます。

SECTION 6

デキる人だけがしている「価値」を数値化する技術

商談の価値を金額で表してみる

数字を使えば「決める理由」がつくれる。これは先ほどの「重み付け評価」だけにいえることではありません。続いては、ビジネスでよく使われる「価値を数字に換算する方法」を説明します。

シンプルな例で考えてみましょう。たとえばあなたが営業担当者で、A社とB社に10万円の製品を購入してもらうための商談をしたとします。その商談がどれくらいの価値にあたるのかを、次ページ図のような考え方で金額換算します。

当然、A社の商談のほうが仕事として価値が高いということになります。また、A社とB社の2つの商談をしたという事実を、現時点では計14万円（＝9万円＋

【2社の商談を金額換算する】

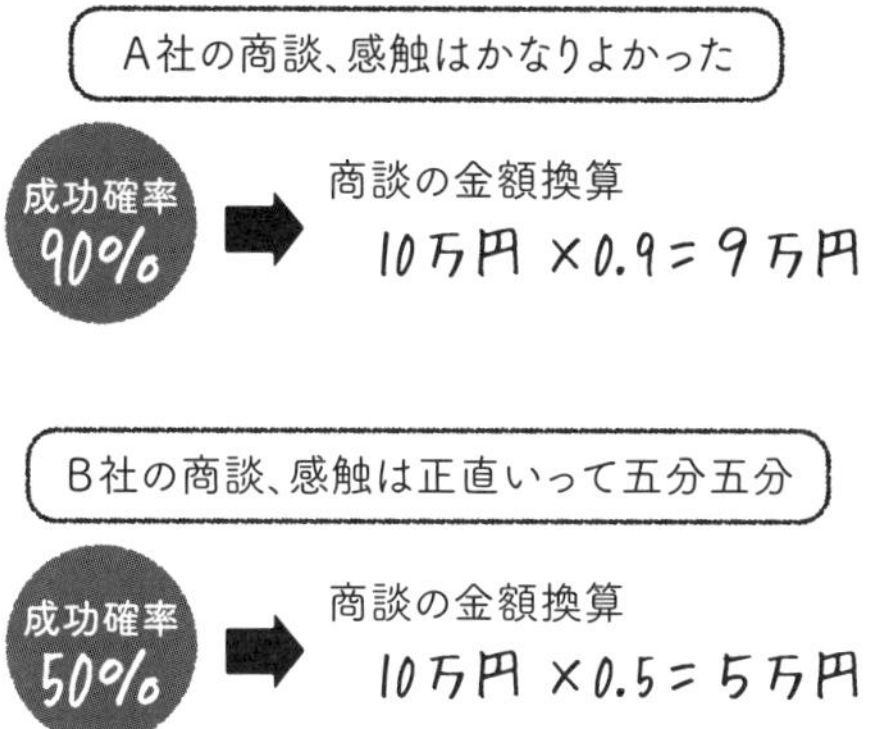

5万円）の価値と見積もっておきます。

このような数字を使えば、売上目標金額に対して現実的にあとどのくらいの金額や商談数が必要かを考え、仕事を組み立てることができます。

このように価値を数値化する手法は、複数の中から何か1つを選ぶときにも便利です。

たとえば、あなたが営業担当者だとします。X社とY社に100万円、50万円、10万円の3種類の製品を提案しており、各製品を受注できるかどうかの感触を確率でざっくり数値化したとします（次ページ図）。

【どちらを優先して営業活動するべき？】

	X社		Y社	
	価格（万円）	感触（確率）	価格（万円）	感触（確率）
製品A	100	50％	100	90％
製品B	50	90％	50	50％
製品C	10	90％	10	10％

X社の金額換算

100×0.5＋50×0.9＋10×0.9＝104（万円）

Y社の金額換算

100×0.9＋50×0.5＋10×0.1＝116（万円）

それぞれを金額換算すると、X社104万円に対し、Y社116万円。シンプルに高受注額のほうを優先するという考え方をするならば、Y社を優先させて契約締結に向けて動くべきでしょう。

これもまた数字には大小があるという特徴を活かし、優先順位を決めるための理由をつくる方法です。

これができると上司が一目置く

このような金額換算の考え方は、営業担当者でなくとも、活用する場面はいくらでもあります。たとえば管理部門で仕事をしており、社内のコストカットを目的としたシステム導入の発案に携わっているとします。

導入することによるコストカットは年間1億円の見込み。これを発案したとして、部内会議で承認される確率がざっくり50%、その後の本部長決裁を通過する確率もざっくり50%、最後の社長決裁を通過する確率はざっくり10%とすると、このシステム導入の発案という仕事の価値は、金額換算すると次のようになります。

1億円×0・5×0・5×0・1＝250万円

つまり、このシステム導入の発案という仕事自体は250万円の価値に相当するということです。ほかの仕事も同様に考えて**ざっくり金額換算すれば、どの仕事を優先するべきかを考えやすくなります**し、上司などに相談する際にも使えます。

「ざっくり金額換算をしてみた結果、この仕事がもっとも価値が高く、最優先で進めるべきだと思うのですがいかがでしょうか」

ぜひこのような言い回しとともに使ってみてください。数字で示すことで、「ちゃんと考えた」ということも示すことができます。論理的に数字も使って説明する姿を見れば、上司はきっと一目置くことでしょう。仮にその意見が上司の考えと違っていたとしても、今度は逆にその上司がちゃんとロジカルに数字で正しい方向性を示してくれるはずです。

SECTION 7

「仮に」と「掛け算」で、ざっくり数字をつかむ

「だいたいこれくらいです」を数値化する

第1章において、上司などから「具体的にどのくらい？」と尋ねられないようにしておくことの大切さをお伝えしました。しかし、世の中にはすぐに測れないもの（数えられないもの）もたくさんあります。

唐突ですが、あなたの自宅からの最寄り駅を想像してください。その駅の1日の乗降客数はだいたいどのくらいでしょうか？

もちろんこんな人数を実際に数えるなど現実的ではありません。しかし、だいたいどれくらいか短い時間で把握したい。そんなときは、「仮に」という数学コトバと「掛け算」を使えば簡単につかむことができます。

それでは、私が実際に利用している最寄り駅で考えてみます。

最寄り駅の乗降客数はどのくらい？

仮に最寄り駅の営業時間を、朝4時～翌0時までの20時間とします。まずは乗降客数を概算してみます。時間帯を3種類に分け、改札を通る人数を想像して数値を仮定していきます。

たとえば朝4時からの2時間は、仮に10秒に1人が改札を通るようなイメージでしょうか。あとは1分あたり、1時間あたりという数字に換算し、この2時間では720人が駅を利用した、つまりこの駅の乗降客の人数とします。

1（人）×6（1分あたり）×60（1時間あたり）×2（2時間あたり）＝720（人）

同様に6時から10時、10時から14時の時間帯も人数を仮定して概算することで、10時間の乗降客数は合計でおよそ5万人となります（次ページ図）。単純にこの数を倍にすることで、乗降客数はおよそ10万人程度ではないかと推定しました。

【最寄り駅の乗降客数】

（単位：人）

	10秒あたり	1分あたり	1時間あたり	合計
4:00〜6:00	1	6	360	720
6:00〜10:00	30	180	10,800	43,200
10:00〜14:00	5	30	1,800	7,200

10時間の乗降客数
51,120人

51,120×2＝102,240（人）

4：00〜翌0：00までの20時間の

乗降客数はおよそ10万人？

あとから調べてみると、この駅の1日平均乗降客数はおよそ13万人とか。短時間の概算でこれくらいの規模がつかめれば十分です。

「どれくらい？」の規模を導く

これは単なる「脳トレ」ではなく、ビジネスパーソンが持っておくべき「ビジネス思考」です。たとえば前項の最後に登場した、社内のコストカットを目的としたシステム導入の発案の話を思い出しましょう。

コストカット1億円という数字は、発案する時点ではこの世に存在しない数字です。しかし、導入するためにはどうしても必要な「どれくらい？」でもあります。つまり、数えられないものだけれど数えないといけない数字なのです。

仮にシステムを導入することで、1時間あたりざっくり4万円のコストカットが見込めるとします。1日の稼働時間が10時間、年間の稼働日数が250日と仮定すれば、次の掛け算により1億円の規模であることがつかめます。先ほどの乗降客数の例とまったく同じことをしていますね。

4（万円）×10（時間）×250（日）＝10000（万円）＝1（億円）

このようなざっくりと計算をする行為は誰でも簡単にできることですが、1つだけ注意が必要です。それは**あまり細かく設定して計算をしない**ということ。

ざっくりの計算は3分間で十分

乗降客数の例であれば、最初の「10秒あたり」という設定を、より細かい「1秒あたり」でスタートしたとしても、最終的に得られる数字の規模感はそう変わらないと思われます。つまり、**時間をかければよい、細かくやればよい、というものではない**ということ。目安は「3分もあれば終えられる程度」を意識してください。忙しいビジネスパーソンが数えられないものを数えるのに、30分も1時間もかけてはいけません。

「ちゃんと考える」は評価を劇的に変える

重み付けや価値の数値化にも共通していますが、このように定性的で曖昧な状態を数量に変換して具体的にする方法は、ビジネスシーンで印象や評価をグッと上げることができる技術です。また、その前にお伝えした「論理的に考える」はすべてのビジネスパーソンの基本となるものです。

新人であれば、大きな成果など出せなくて当然です。実は周囲が見ているポイントはそこではなく、まずは自分でちゃんと考えられる人物かどうかということ。それができる新人は、それだけで相手に好印象を与え、評価されます。裏を返せば、それができないと印象や評価がグッと下がるということに……。

本章の内容はビジネスパーソンが身に付けておくべき、重要なスキルなのです。

Column 2

誰もが納得する決め方

かつて私が企業に勤めていた頃の経験です。

会社の忘年会で使う会場をどこにするか、６名ほどのメンバーで相談していたのですが、これがなかなか決まらない。

業を煮やした私は、思い切って本章でご紹介した「重み付け評価」を提案。まさに70ページで紹介したようなプロセスで結論を導いて、メンバーに示しました。その結論に対して誰も異議を唱えません。納得してくれたということでしょう。

そして、その場にいた人物の「最初からこうやって決めればよかったね（笑）」という一言は、いまでも忘れられません。

仕事で数字を使うといっても、そのシーンはさまざまです。何かを決めるとき、そして議論が行き詰まったとき、あなたも思い切って「数字を使った決め方」に挑戦してみてはいかがでしょうか。

第3章

一目置かれるようになる数字を使った報告の仕方・意見の言い方

TPOに合わせるってどうしたらいいの？

上司「先週の状況を簡単に報告してくれる？」

新人「はい。1週間で行った商談は5件。うち2件は田中先輩にもご同行いただきました」

ある月曜日の朝、新人の営業担当者が上司に先週の業務内容を報告しています。

上司「それで？」

新人「はい。どれも好感触です。特にA社はすごい案件になるかもしれません」

上司「〝すごい〟じゃよくわからないよ。どんな提案をしているの？」

新人「かなりの発注数を検討してくれていて、けっこうな売上になりそうです」

上司「だから〝かなり〟とか〝けっこう〟って具体的にどれくらいなんだ？」

新人「あ、えっと、ちょっと待ってください。正確な数量を確認します」

上司「……」

慌てててデスクに戻り、自分のノートを確認している新人。上司の表情が険しくなっていることに気づきません。

新人「えっと、たしかここにメモしたはず……」

上司「あのな、そういうのは〝ざっくり〟でいいから」

新人「え？　あ、はい。わかりました」

上司「ちなみに先週、うちの製品に不良品が出たと報告を受けているんだが、その詳細は？」

新人「はい。私も認識しています。えっと、たしか数量はざっくり50個くらいだったと……」

上司「そういうのは〝ざっくり〟じゃ困るんだよ。正確に把握して報告してくれ。社長に報告できないだろう」

新人「……？？」

SECTION 1

「情報→数字→情報」の順で報告する

報告にはできる限り数字を使う

第3章のテーマは「報告・連絡・相談」。

仕事においてこれが重要であることはいうまでもないでしょう。だからこそ、そのやり方にも気をつかいたいところです。

たとえば上司からの「先週の営業状況を、簡単にレポートしてくれる?」というリクエストに「いまのところ目標通り推移していますし、いい感じだと思います。僕の狙い通りです!」ではいけません。

あくまで一例ですが、次のような報告が理想です。

【サンドイッチ状態にして数字を伝える】

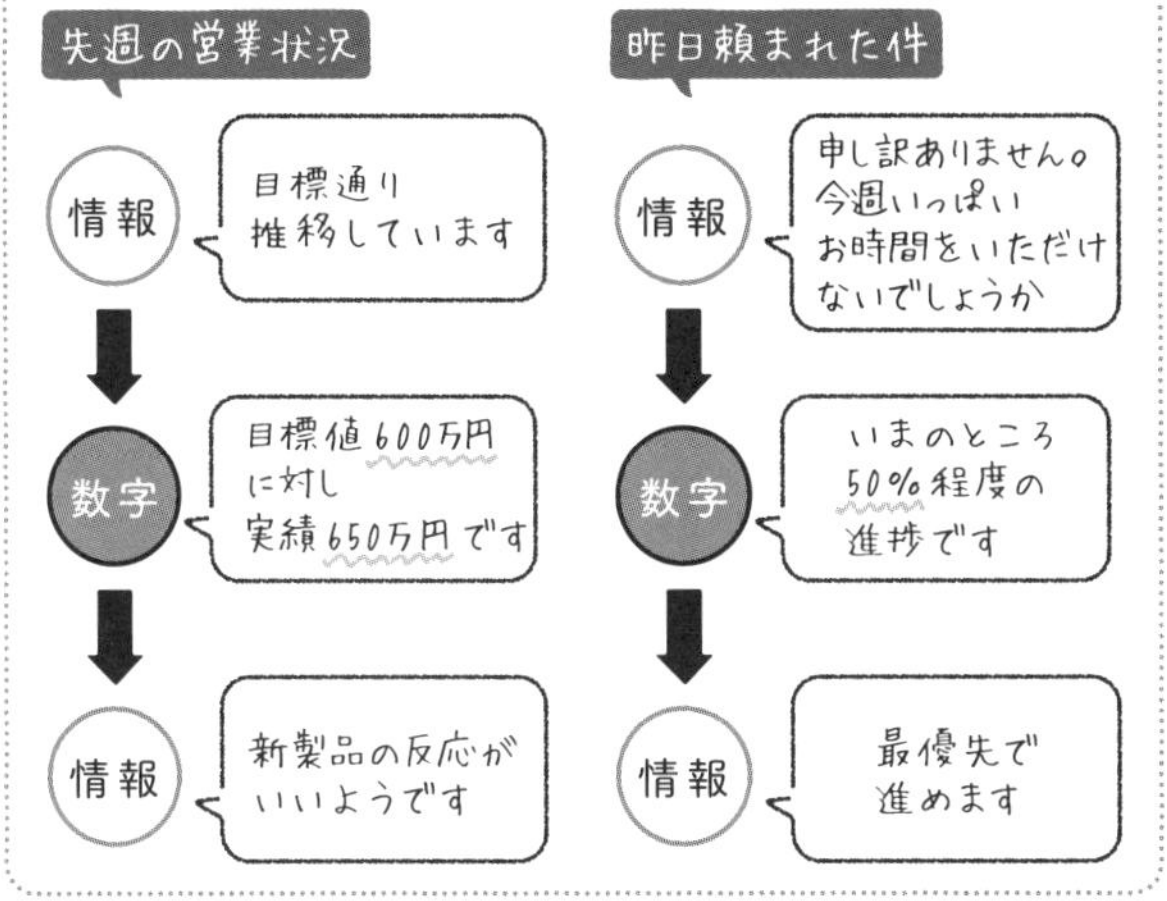
先週の営業状況
情報
目標通り
推移しています
数字
目標値600万円
に対し
実績650万円です
情報
新製品の反応が
いいようです
昨日頼まれた件
情報
申し訳ありません。
今週いっぱい
お時間をいただけ
ないでしょうか
数字
いまのところ
50%程度の
進捗です
情報
最優先で
進めます

「目標通り推移しています。目標値600万円に対し実績650万円です。新製品の反応がいいようです」

あるいは上司からの「昨日お願いした件、どうなっている？」という確認にも、次のように答えたいものです。

「申し訳ありません。今週いっぱいお時間をいただけないでしょうか。いまのところ50％程度の進捗です。最優先で進めます」

この2つの報告例に共通するのは何でしょうか。1つは数字を入れていること。もう1つは、「サンドイッチ状態」にしているということです。

サンドイッチにする理由とは？

どういうことか、そしてなぜこの伝え方がいいのか、説明していきましょう。

前者の回答例に注目してください。

「目標通りに推移している」というポジティブな情報を最初に伝えています。すると相手は当然、「本当かな？」と思います。

そこで具体的かつ正確な数字を伝え、その疑問に答えます。そして最後に「で、あなたはそれをどう考えているの？」といった疑問に答えるために、考察や意見といった情報を付け加えています。

つまり、**相手の心に生まれる問いに対し、その順番通りに答えていく形になっているの**です。だからこのような伝え方をすると相手の頭にスッと入っていきます。

特に上司というものは、このように伝えてくれたほうが、あれこれ質問をせずに知りたい情報を得ることができるので助かるのです。

【報告するときの公式…「情報→数字→情報」】

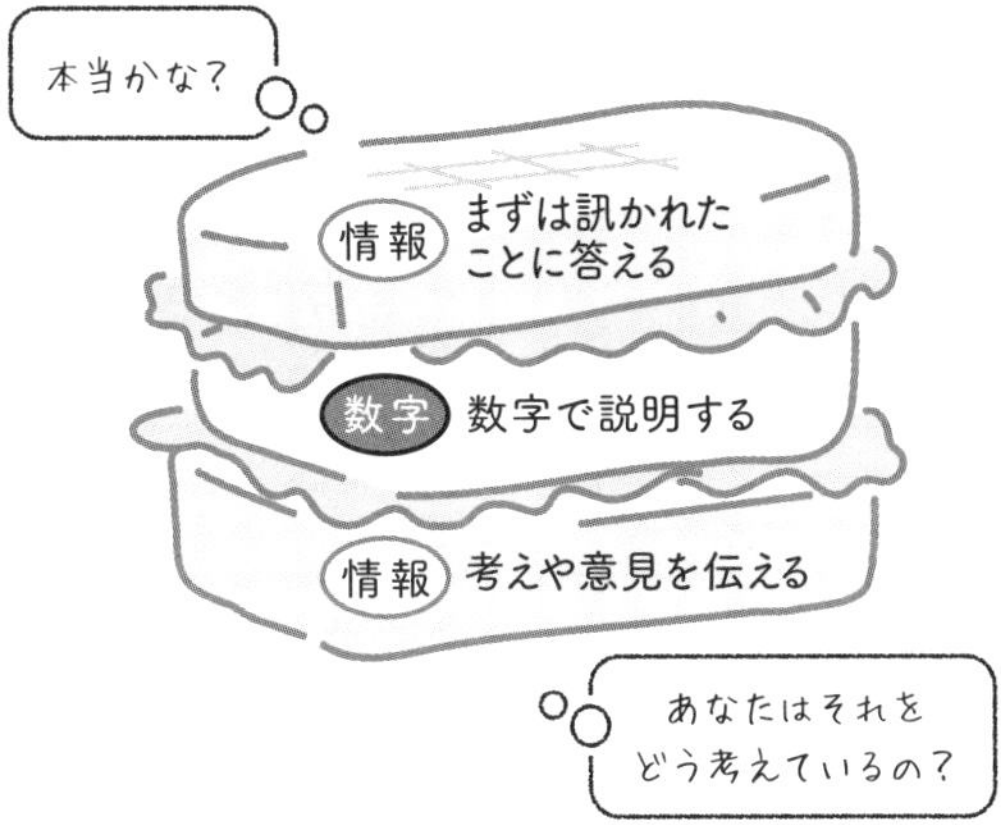
本当かな?
情報 まずは訊かれたことに答える
数字 数字で説明する
情報 考えや意見を伝える
あなたはそれをどう考えているの?

「数学の公式」のように使う

上司や先輩から報告などを求められたとき、数字を使って伝えるべき状況だと判断したら、この「情報↓数字↓情報」を公式のように使ってください。

訊かれていることにまずは答え、それを数字という極めて具体的な言葉で説明し、最後に自分の考えや意見も伝えます。上司にとってありがたい伝え方をすることが、ビジネスシーンでは重要です。そして、上司に自分の状況をわかりやすく伝えるというのは、若手ビジネスパーソンにとって非常に大切な仕事の1つなのです。

SECTION 2

「数字を伝える」と「数字で伝える」を使い分ける

「を」と「で」の大きな違い

唐突ですが、次の1行の意味がわかるでしょうか。

「数字で伝えるべき場面で、数字を伝えてはいけない」

「数字を伝える」と「数字で伝える」という2種類の表現が登場しています。

たとえばあなたがマーケティング担当者で、販促キャンペーンについて上司に報告する立場だとしましょう。

次のどちらがビジネスパーソンとして「正解」でしょうか。

数字を伝える人

販促キャンペーンについて報告します。キャンペーンページのアクセス数は150万件。ユニークユーザー数は100万人。プレゼント申込み件数は1000件。ユニークユーザー数に対する申込み率はおよそ0・1％でした。プレゼント申込みの目標値は1万件に設定していたので、目標の10％。ちなみに申込みいただいたユーザーの属性ですが、男性が64％で女性が36％。10代が21％、20代が25％、30代が20％、40代が13％、50代が10％、そのほかが11％となっております。続いてエリア別の割合ですが……。

数字で伝える人

販促キャンペーンについて報告します。結論から申し上げると、残念ながら今回のキャンペーンは失敗だったといえます。プレゼント申込み件数は1000件。目標の10％程度しか獲得できていません。データから見て、明らかにキャンペーンページの設計に問題があったと考えます。これから検証して改めて報告いたします。

正解はもちろん後者。数字で伝える人です。

前者はきちんと数字を使って報告しています。しかし、文字通り単に「数字を伝えているだけ」なのです。もちろん単に数字を報告するだけでOKなときもビジネスシーンにはたくさんあります。たとえば、「昨日の売上はいくらだったか？」と訊かれたときは数字を報告すれば十分です。しかし、今回のこの状況では、たいてい「要するにどうだったの？」「何がいいたいの？」という冷たいツッコミをもらうことになります。

一方、後者の報告内容は、要するに「失敗でした」です。**その「失敗でした」というメッセージを数字で伝え直しています。**つまり、ビジネスシーンでは「数字を伝える」局面と「数字で伝える」局面があるのです。そこを混同してしまうと、相手がほしい情報を伝えることができません。「数字で伝える」とは、シンプルにいえば相手に伝えたいメッセージを数字という言葉で伝えることです。

いま自分は何を訊かれているのかを意識する

「報告・連絡・相談」に数字を入れることは正しい。でも、会議資料に記載されている数字、パソコンの画面に表示されている数字、日経新聞で読んだ数字。それらをそのまま読み上げるだけなら（少々乱暴な表現かもしれませんが）小学生でもできます。

いまは「数字を」伝える局面なのか。それとも「数字で」伝える局面なのか。正しく把握してから数字を使ってコミュニケーションをしたほうが「仕事ができる人」と認められる可能性が高まります。

では、どうすれば正しく把握できるのか。具体的な4つの例を通じてその感覚をつかみましょう（99ページ図）。もちろんケースバイケースではありますが、一般的な原則として確認してください。

判断基準は、どこに「?」がついているか

もし、どちらのケースか判断することが難しいようでしたら、相手の質問のどこに「?」がついているかをつかむクセをつけるとよいでしょう。シンプルに考えれば、「?」のついているところがその相手が聞きたいことのはずです。

99ページ図の〈ケース1〉であれば「どのくらいで終わる?」に答えるべきシー

ンであり、〈ケース4〉であれば「実際はどうなの？」に答えるべきシーンです。何を訊かれているかが判断できれば、「数字を伝える」べきか、「数字で伝える」べきなのかも判断できるようになります。ぜひやってみてください。

余談ですが、私がある大手企業の管理職研修を担当したときのエピソードを1つご紹介します。

その企業は管理職のビジネススキルや意欲などが著しく低いことを問題視し、ご縁があって私にご相談いただきました。実際、彼らには入社してからほとんど教育研修を行ってこなかったそうです。

この現場で私がもっとも印象的だったのは、「訊かれたことに答えられないこと」でした。質問に対して、ピントがずれた答えしか返ってこない。彼らの研修で私が一番多く発したフレーズは、**「訊かれたことにだけ答えてください」**でした。

本項でお伝えしたいのは、つまりそういうこと。何を訊かれているか判断できる力は、成果や成長に直結するのです。入社1年目で学ぶことは、入社30年目でも使うこと。ぜひ、いまのうちに身に付けておきましょう。

【こんなときは「数字を」、こんなときは「数字で」】

ケース1 数字を伝える

いまやっているその作業、どのくらいで終わる？

はい。今日の5時までには終わります

訊かれているのは作業が終わるまでの時間、つまり数的な情報です。ですからまずはそれに答えましょう。

ケース2 数字で伝える

先週のWEBサイトのアクセス状況、簡単にレポートしてくれる？

目標通り推移しています。目標値1,000万PVに対し実績1,050万PVです。特に特集記事の閲覧数が多いようです

相手が知りたい情報は要するに「よかったのか悪かったのか」です。まずはそれに答え、そのあとに補足として数字の情報を付け加えます。伝え方がサンドイッチ形式になっていることにも注目してください。

ケース3 数字を伝える

君は入社何年目？　若いのに優秀だね

1年目です。ありがとうございます！

訊かれているのは「入社何年目か」という数字ですから、訊かれたことに素直に答えればよいのです。あまり余計なことはいわないようにしましょう。

ケース4 数字で伝える

不良品が発生していると聞いたけれど、実際はどうなの？

はい。発生しています。0.04%の割合で発生してしまっている状況です。現在、最優先で原因の特定を急いでいます

ここで相手がまず知りたいのは数字ではありません。不良品が発生しているのか否かです。ですからまずはその事実を伝え、それを数字で伝え直します。

SECTION 3

自分の意見とその根拠は「平均値」と「率」でつくる

「前例や過去の数字」を武器にする

意見を伝えるときには根拠が必要となる場面もあるでしょう。その根拠をつくるためには当然、「過去の数字」を使うことになります。

たとえば、未来の売上を予測したいときに、過去の売上実績を使って予測することなどが典型的な例でしょう。そんなとき、まずあなたの武器になってくれる手法は「平均値」と「率」の2つです。

世の中にはもっと高度な分析手法がたくさんあり、それが武器になることもあります。しかし、慌てる必要はありません。まずは基本的なテクニックを使えるようになりましょう。

【7月の販売数を予測する】

〈ある新製品の過去3か月間の販売数〉

	4月	5月	6月	7月
販売数（個）	543	498	461	?
前月比（%）	－	91.7%	92.6%	

7月の販売数（予測）

(543＋498＋461)÷3≒501（個）

3か月間の平均値

根拠の基本は「平均値」と「率」

たとえば、4月から発売した新製品について7月の販売数を予測し、意見を伝えなければならない状況を考えてみます（上図）。

過去の数字は4月、5月、6月の3つしかありません。これだけで7月の数字を予測するとしたら、もっともシンプルな発想は3つの平均値を予測値として説明することかもしれません。

7月の販売数（予測）＝（4～6月の平均販売数）≒501（個）

しかし、数字を見るとわかるように、過去3か月間は明らかな減少傾向です。しかも、前月比はいずれも90％強。この傾向が続くと仮定すれば、6月の実績（461個）の90％にあたる415個という予測の数字もつくれます。

7月の販売数（予測）＝461（6月の販売数）×0・9≒415（個）

今回のケースのように、まだ販売をスタートさせたばかりで今後どう変動していくかつかみにくい場合は、この2つの数字の平均値を予測値として説明すればよいでしょう。

7月の販売数（予測）＝（501＋415）÷2＝458（個）

ここで使った手法は「平均値」と「率」の2つだけです。

ここでもサンドイッチで伝える

この数字も、先ほど紹介した「サンドイッチ形式」で伝えます。たとえば、次のように意見を伝えてはどうでしょう。数的根拠を踏まえ、「数字で伝える」をしています。

情報
7月の販売数は前月と同等、あるいは少し減少すると予測しています。
↓
数字
ネガティブシナリオなら400個、ポジティブシナリオでは500個。具体的な予測値は458個としています。この数字は過去3か月の平均値、ならびに前月比の傾向から算出した2つの予測値の平均値です。
↓
情報
ただし、まだ過去のデータが少ないので、誤差が大きく出ることも想定しておくべきだと思います。

この例は3か月分しかデータがない状況でしたが、もし過去のデータが1年分あるケースなら、考え方も少し変わります。

たとえば、その1年間ずっと前月比が90%程度で推移してきているのなら、それは極めて強い傾向です。わざわざ平均値を計算するよりも、その傾向を優先して予測の根拠にすることをおすすめします。

極端な話、3年間ずっと前月比が90%程度で減少傾向が続いているのなら、シンプルにその数字だけで予測を語ったほうが納得感もあるでしょう。

「数字」にはさまざまな加工の仕方があり、ケースバイケースで根拠のつくり方を判断していく難しさがあります。ただ、判断基準はあくまで「もっとも納得感ある根拠」と考えて数字に触ることを基本としましょう。

SECTION 4

進捗報告するための数字をつくる

仕事を数字に置き換える

ビジネスシーンでは進捗の報告を求められる機会もたくさんあります。入社1年目であれば、上司や先輩が心配して、たびたび状況を尋ねてくることでしょう。そんなとき、相手が正確に状況を理解できるように、進捗を伝えたいものです。

そこで、誰でも仕事の進捗を数字で説明できるテクニックを1つ紹介しましょう。進捗を数字で表現しやすい営業やマーケティングといった職種はもちろん、具体的な数値目標がない仕事をされている方にも応用できる方法です。

そもそも、なぜ営業職は自分の仕事の進捗を数字で表現しやすいのでしょう。それは、その人の仕事が「今月の受注目標」などといった数値で置き換えられているからです。たとえば、「目標30件、現在3件、進捗率10％」といった具合です。

言い換えれば、どんな仕事でもざっくりで構わないので数値で置き換えてしまえば、その仕事の進捗も必ず数値化できるはずです。

「資料作成」という仕事を数値化する

たとえば「来週の会議で使う資料をつくる」という仕事があったとします。この仕事に取りかかる前に、どんな作業があって、それぞれ何時間かかり、合計するといったい何時間必要な仕事かを推測し、時間を見積もってみます（次ページ図）。

このような場面では正確に時間換算する必要はなく、ざっくりで構いません。こうすることで仕事の進捗をいつでも数字で報告できます。

まだデータ収集が終わった段階なら「進捗率40％です」と報告すればいいし、あとは体裁を整えるだけの状態なら「進捗率90％です」と報告すればいい。仕事に手をつける前にこのような「仕事の時間換算」をしておけば、いつ上司に「進捗は？」と尋ねられても、数字で答えることができます。

【「資料作成」という仕事を時間換算する】

作業1	データ収集	2.0 時間
作業2	資料のレイアウト作成	2.0 時間
作業3	自分の考察を加えて記載	0.5 時間
作業4	体裁を整える	0.5 時間
	計	5.0 時間

資料作成時間 ➡ 5時間

回答例としては、**「すでに9割がた完了しています。あと30分もあれば完成する状態です。遅くとも明日の朝9時にはチェックしていただけるよう提出します」**といったところでしょうか。

つまり、仕事量を何らかの形で数値化すれば自動的に進捗も数字で表現できるということです。そして誰でもできるもっとも簡単な数値化の方法は、仕事を時間に換算することです。

仕事を時間換算する利点

実はこの考え方は、進捗を数字で表現する以外にもう1つメリットがあります。それは自分自身の仕事に「捨てる発想」を持ち込めることです。

試しに、いま自分が抱えているすべての仕事を、ざっくりで構いませんので時間換算してみてください。1日は24時間しかありません。必要な時間を計算してみたら、理論上どう考えても仕事が回らないということに気づくかもしれません。


実際のところ、入社1年目であれば「仕事を捨てる」というのはまだ難しいことかもしれませんが、これからどんどん仕事を任され、忙しくなってきたときに必要になる視点です。

私たちはつい「頑張る」「なんとかする」といった耳当たりのよい表現を好みます。しかし、無理なものは無理です。仕事を取捨選択したり、時間短縮のための創意工夫をする方向に「頑張る」をシフトするべきでしょう。

いまの新入社員のみなさんは、タイパ（タイムパフォーマンス）が求められる時代のビジネスパーソンです。タイパとは、たとえば少ない時間で効率よく成果を出すといったことです。10年前の「頑張る」と、これからの「頑張る」は同じではないということ。時間は有限です。「上手に頑張る」を目指しましょう。

SECTION 5

「正確な数字」と「ざっくりな数字」を使い分ける

「一桁レベルの正確さ」は必要？

数字を使って「報告・連絡・相談」をする際に重要なことは、ほかにもたくさんあります。たとえば一桁レベルまで正確に伝える局面なのか、ざっくり伝えれば十分な局面なのかを正しくつかむこともその1つです。

次の金額を読んでみてください。

52、438、921（円）

口頭表現では「ごせんにひゃくよんじゅうさんまんはっせんきゅうひゃくにじゅういち（えん）」となります。最初の「ごせんにひゃくよんじゅうさんまん」くらいまでならどうにか聞いていられますが、後半はもうどうでもいいと思ってしまうのは私だけではないはずです。

どう使い分けるか？

正確に数字を伝えなければならない場面では、もちろん正確に伝えてください。たとえば、企業の決算発表などはもっともわかりやすい報告の場ですが、そんな状況において口頭で説明するときなどは正確な数字で伝えなければなりません。

一方、ざっくり伝えれば十分な場面。たとえば、会議直前で時間がない上司に対して30秒程度で簡単に状況報告をするときなどです。だいたいどれくらいだったのか。要するによいのか悪いのか。それがわかれば十分な状況ですから、およそ5200万円という伝え方で十分でしょう。次ページ図の3つのケースでその感覚をつかんでください。

「相手がほしがっているものは？」という視点

ここでお伝えしたいのは、正確な数字とざっくりな数字を使い分けるということ。

【「正確」と「ざっくり」の使い分け例】

ケース1

製品不良が発生した。
客先へのお詫びと経緯報告に使う資料をつくるとき

➡ 「正確な数字」でなければならない

お詫びをするわけですから、説明する情報が「ざっくり」では困ります。しっかり調査した結果であること、正しい情報であることを伝える必要があります。

ケース2

商談中「だいたいおいくらくらいでしょうか？」と尋ねられたとき

➡ 「ざっくりな数字」で十分

複雑な料金プランの製品だとよくあるケースです。ただ、相手は一桁レベルの正確な金額を知りたいわけではありません。
「ちょっといま正確な金額はわかりかねますのでいったん会社に持ち帰ります」ではなく、「目安としては○○くらいですね」とその場で伝えましょう。

ケース3

売上高が2.98億円から3.05億円に増えた事実を伝えるとき

➡ いくら増えたのかを伝えるのであれば「正確な数字」を選ぶ

➡ 3億円を超えたことを伝えるのであれば「ざっくりな数字」で十分

そしてそのポイントは、自分がどう伝えたいかではなく、伝える相手がほしいものは何かを考えることです。

たとえば〈ケース1〉では相手が本当にほしいのは数字そのものではなく、「しっかり調査した」という証です。ですから数字は正確なものでなければなりません。

〈ケース2〉では、相手が「だいたい」といっていますし、まだ商談中の段階ですから、ざっくりな数字で構いません。その後、相手が最終的な社内稟議にかけたりする際には、逆に正確な数字が必要になることでしょう。「そのとき相手がほしい情報はどちらか」という視点が必要です。

〈ケース3〉で2パターン紹介したのも同じ理由です。判断基準はやはり「相手がほしい情報はどちらか」です。

誰しも、ほしいと思っているものを提供してくれる人には好意を持つもの。このようなちょっとした視点を持っているかどうかで、あなたへの評価もまったく違ったものになります。ぜひ意識して数字を使って伝えてください。

SECTION 6

「伝える数字」と「伝えない数字」を選ぶ

余計なことまで伝えない

相手がほしいものを提供する。前項のこのまとめは少し言葉が足りなかったかもしれません。**相手がほしいものだけを提供する**、が正しい理解です。すなわち、正確かざっくりか、という視点のほかに、「余計な数字を伝えない」という視点も持っておきましょう。

たとえば、今年の売上高を昨年の売上高と比較したいと思っている上司に対し、一昨年の数字とも比較して説明しようとするのはNGです。これは喩えるなら関東地方に住んでいる人に、その日の北海道や沖縄の降水確率を丁寧に説明するようなもの。

そんな情報、相手は求めていないのです。

求めていない「数字」はノイズになる

94ページで紹介したマーケティング担当者の事例を思い出してみましょう。この事例で「数字を伝える」と「数字で伝える」の違いを確認しましたが、この2つを「相手が知りたいことだけ伝えているか」という観点で見るとどうでしょう。

もし相手が性別や年齢別といった属性について知りたいのであれば、その数字は当然ながら伝えるべきものです。しかし、もしそうではなく、キャンペーンの結果を知りたいのであれば、「プレゼント申込み件数は1000件。目標の10％程度しか獲得できていません」だけで十分です。性別や年齢別のシェア率といった情報は求めていないわけですから、それを丁寧に伝えてもただのノイズになるだけで、かえって本当に知りたいことがわかりにくくなってしまいます。

あるいは上司に何かを報告しなければならないとき、その上司がもう間もなく（たとえば3分後）外出してしまうケースと10分間たっぷり話を聞いてもらえるケースとでは伝える内容も変わってくるはずです。前者は究極までノイズをカットし、結論だけを簡潔に伝えます。後者は結論とその根拠、そのほか上司がつかんでおきたいと思われる情報だけを選んだ上で、丁寧に説明するでしょう。

「TPOに合わせて」といってしまえばそれまでですが、このように状況を把握して伝える数字を取捨選択していくことが大切です。私はこれを**「数字のノイズカット」**と呼んでいます。

少ないとありがたいけど多いと煩わしい

なぜ数字のノイズカットが重要なのか。

私の経験則も含まれますが、多くのビジネスパーソンは「伝える情報を減らすこと」に抵抗感を持っています。

その本質は、情報を削ぎ落とすことや簡潔に言い切ることに対する恐怖です。たくさんの情報を正確な数字で丁寧に（ダラダラと）伝えているほうが、伝える側は安心できます。嘘はいっていないし、「ほかには？」「いろんなデータも確認したのか？」といった面倒なツッコミをされる危険もないからです。
しかし、それでは伝えられる側はストレスが溜まる一方です。なぜなら、知りたいことはちっとも伝えてくれないのに、知りたくないことはたくさん伝えてくるからです。

そして、一般的にビジネスパーソンは数字で簡潔に説明してほしいけれど、あまりにたくさんの数字を使った説明は嫌がるものです。
たとえば、データがびっしり入力されたエクセルファイルの数字や日経新聞の株価欄などを眺めていて、心ときめくでしょうか。数字に苦手意識のある方は特にストレスを感じるでしょう。あくまでイメージですが、それと同じことです。

大切なのは、**勇気を持って伝える数字と伝えない数字を選ぶこと**。数字というのは、少ないとありがたい言語ですが、多いと煩わしくなる言語なのです。単に「使えばよい」というものではありません。そのことを大前提に、「報告・連絡・相談」に数字を使いましょう。

SECTION 7

一瞬で状況を理解できるように伝える

「上司の上司」の存在を意識しよう

あなたの直属の上司である部長と社長を想像してください。

社長が現場の状況について報告してほしいと思ったとします。当然、社長としてはまず、部長に現場の状況報告を求めるでしょう。部長は部下の仕事の状況を細かいところまで常に把握しているわけではないでしょうから、現場をよく知る部下であるあなたに状況を尋ねるでしょう。

しかし、もしその部下の報告内容が「はい。順調です！」という曖昧なものだとしたら、その上司は社長が求めるような報告ができません。

社長は多忙なものです。状況を一瞬で理解できるように伝えてほしいと願っています。

そんな状況であれば、部下にはとにかく具体的で、でもポイントだけ簡潔にした情報の提供が求められるのです。そんな情報を上司にプレゼントすれば、その上司は受け取った情報をそのまま社長への報告に使うことができます。

そのための数字の使い方として、次の2つのポイントをおさえてください。

①相手が好むモノサシを使う
②伝えるための「1&2ルール」を意識する

⏻ 相手が好むモノサシを使う

まず①は、言い換えると**相手がピンとくる数字を使う**ということです。たとえば、「不良品発生率0・04%」と伝えるか、「不良品は1万個に4個の割合で発生」と説明するかは相手によって変わってくるでしょう。経営者は「年間売上高7・3億円」のほうがピンとくるかもしれませんが、現場のスタッフは「1日あたり売上高200万円」のほうかもしれません。報告する情報は〝プレゼント〟なのですから、相手が好むものを選ぶのは当然です。

そして、相手が好むモノサシをあらかじめつかんでおくコツが1つだけあります。それは、**その相手が発する言葉を普段から気にかけておくこと**です。

たとえば、いつも「前年比」「前月比」といった言葉が口から出てくる人物は、何事も前の年（月）との「比較」というモノサシで伝えてほしい人です。

口から発する言葉はその人の価値観を端的に表現するものです。ぜひ上司や、その上にいる経営者の発する言葉を普段から気にかけてみてください。どんなモノサシで伝えたらよいか、見えてくるはずです。

伝えるための「1&2ルール」

次に②の伝えるための「1&2ルール」とは何か。私は情報を伝えるときには、**「1行に2つの数字を入れて伝える」**ことを推奨しています。名付けて「1&2ルール」です。

たとえば、「売上高500万円です」だけだと、この数字がよいのか悪いのかがわかりません。しかし、「売上高500万円。対予算80％です」であれば、この数

【「1&2ルール」で伝える】

× 現在の売上は850万円です

○ 月間予算1,000万円に対して進捗率85%です

× あと280名の新規会員登録が必要です

○ 残り5日間で280名の新規会員登録が必要です

× データ処理の進捗率は75%です

○ これまで1,500件のデータ処理を完了。残り500件です

字を評価できます。一般論ですが、ビジネスにおいては1つの数字だけでは状況把握がうまくいきません。2つの数字が存在した情報のほうが状況を正しく把握できるのです。

あなたが伝えた数字は、そのまま上司の上司、場合によっては会社のトップにまで届くこともあるでしょう。

つまり、間接的ではあっても、あなたは会社のトップへ数字という言葉を伝えていることになります。

数字はビジネスにおける共通言語であり、大事だといわれる理由はこのようなところにあるのです。

SECTION 8

文書では「カンマ」と「単位」を使う

「カンマ」、使っていますか？

本章の最後に、文書で報告をするときのポイントを整理しておきます。

実は「口頭」では必要ないけれど「文書」のときは気をつかわなければならないポイントがあります。それは、「カンマ」と「単位」を正しく使うということです。

念のため説明すると、カンマは百の位と千の位の間、十万の位と百万の位の間、一億の位と十億の位の間に入れるものとされています。試しに手持ちの電卓で数字を叩いてみてください。このルールでカンマが表記されているはずです。

ビジネスに限らず、基本的なルールは守らなければなりません。ビジネス文書にはカンマをしっかり使い、その数字がいくつなのか、どんな桁の数字なのか、視覚的にすぐわかるよう配慮しましょう。

「10、000、000PV」ではなく「1、000万PV」

また、「単位」にも気をつかいましょう。たとえば私もこの章を執筆するにあたり、単位に気をつかった場面がいくつもあります。

たとえば「6、000、000円」という表記でも誤りではありませんが、91ページのようにシンプルに600万円と表記したほうが視覚的にも優しいですし、確実に伝わるでしょう。99ページの〈ケース2〉で「10、000、000PV」ではなく「1、000万PV」と表記しているのも同様の理由です。

次ページ表の金額を口頭で伝える際はすべて「ごせんまんえん」といえば済むのですが、文書などで伝える際はパッと見た瞬間に認識できるよう配慮をします。

どれを使うかは会社のカルチャーや伝える相手によって変わってくるでしょう。**ぜひ自分の会社で使われている資料の「単位」を一度チェックしてみてください。**そして**もし必要であれば、ぜひ「単位変換」をしてみましょう。**グッと見やすくて、一目でピンとくる情報が書かれた伝わりやすい文書になります。

【カンマの位置と単位変換】

千 ➡ 1,000
百万 ➡ 1,000,000
十億 ➡ 1,000,000,000

金額	表記	単位
ごせんまんえん	50,000,000（円）	1円
	5,000（万円）	1万円
	50（百万円）	100 万円
	5（千万円）	1,000 万円
	0.5（億円）	1億円

伝える相手の「単位」は何か？

文書に「カンマ」と「単位」を使うという主題からは離れますが、このような「単位」の細かい配慮はビジネスのさまざまな場面で使われています。

たとえば健康補助食品の訴求でよく見かける「レタス○個分の食物繊維」といった表現がポピュラーでしょう。消費者の食物繊維に対する単位は「グラム」ではなく「レタスの個数」なのです。

伝える相手の単位はいったい何か。そんな視点を持っておくことで数字の使い方だけではなく、コミュニケーションスキルも高まり、一石二鳥です。

Column 3

「ちょっと」という言葉は使わない

報告、連絡、相談などのために上司に声をかけるとき、「すみません、いまちょっとよろしいでしょうか？」と声をかけることはおすすめしません。私が推奨するのは、「いま３分だけよろしいでしょうか？」と声をかけることです。

もちろん３分でなくても、２分でも５分でも構いません。重要なのは、相手に対して費やす予定の時間を数字で伝えるということです。

不思議なもので、「いまちょっとよろしいでしょうか？」だと「ごめん、あとにして」というタイプの上司も、「いま３分だけよろしいでしょうか？」と伝えると「……何？　手短に頼むよ」と渋々ですがＯＫすることがあります。

日常においても、「ちょっと遅れます」では待てなくても「３分遅れます」なら待てることはないでしょうか。これと同じです。

ぜひ試してみてください。

第4章

データを活かせるようになる数字を楽しく読むための7つの基本

誰でもデータを読み解けるようになる

マーケティング部門に配属された新人。文系出身で数字に苦手意識が強く、悪戦苦闘する日々です。そんなある日、上司からこんな注意をされてしまいました。

上司「この資料の内容、ちょっと説明してくれる？」
新人「はい。先月の会員登録者数の日別データです」
上司「うん。それで？」
新人「……それで、といいますと？」
上司「このデータからどんなことがわかるの？」
新人「え、あ、えっと……」
上司「まあいいわ。じゃあこちらから質問するけど、何か傾向のようなものはあるの？　あと異常値のようなものは？」
新人「……」
上司「それから、この資料には1日の平均登録者数ってデータがあるけれど、これはどう解釈したらいいの？」

新人「……」

上司「そういったことを自分なりに読み解いてから報告しなきゃ」

まったくもって正しい上司からの指摘に、新人は言葉を失ってしまいます。

上司「まあ、そういう私も文系出身だったし、最初はこういったデータを読むような仕事は大嫌いだったけどね」

新人「え？」

上司「エクセルファイルに並んだ数字を見るだけで、なんだか気分が悪くなったわよ（苦笑）」

新人「そうだったんですね」

上司「コツさえつかめば誰でも簡単にできるものよ」

新人「あの、ぜひそのコツを教えてください！」

SECTION 1

まずは「傾向」と「異物」を見つける

私たちはデータに囲まれて生きている

私たちの半径1メートル以内にはたくさんのデータが存在します。たとえばスマートフォンやパソコン、あるいはデスクの上に積まれた資料。その中にはたくさんのデータがあるはずです。

つまり、私たちは常にデータに囲まれて仕事をしています。

さらにいえば、今後もITの進歩は加速していくでしょう。極論、「データがなくて困る」ということはなくなるのです。だからこそ、そのデータ、つまり数字を正しく読み解くスキルがとても重要です。言い換えれば、これからは数字が読めるビジネスパーソンの時代なのです。

そこで、第4章は「数字を読む」を主題に数字に苦手意識のある方でも必ず使えるコツを紹介していきます。時代遅れのビジネスパーソンにならないよう、しっかり基礎を身に付けましょう。

「Read」ではなく「Think」

「数字を読む」とは、シンプルに定義すれば「この数字から考えられることは……」という情報をつくる行為のことです。会議資料に並んだ数字を単に眺めるだけでは「数字を読む」とはいえません。つまり、「数字を読む」とは「Read（読む）」ではなく「Think（考える）」なのです。

また、**数字を読むときの基本は、比較によって「傾向」と「異物」を見つけること**です。数字という言語の最大の特徴は大小があることですから、複数の数字を比較することで「傾向」と「異物」をつかみ、「この数字から考えられることは……」という情報をつくります。

ちなみにここでの「異物」とは、いわゆる異常値のこと。「あれ？　どうしてこの数字だけこんなに大きい（小さい）のだろう？」といったものです。

「傾向」と「異物」を見つける

具体例を挙げましょう。たとえば次ページ表のデータを見てください。総務部に配属された新人が、ある従業員の残業時間をチェックするために使ったデータだとします。

あなたなら、4週にわたりまとめられたこのデータから、どんなことを読み解くでしょうか。

①月曜日と火曜日の残業が多い（週の前半だから？）
②水曜日の残業が少ない（おそらくノー残業デー？）
③第3週の木曜日だけ異常に残業時間が多い（何か突発的なトラブルがあった？）

おそらくこんなところでしょう。

【このデータから読み解けることは?】

〈ある従業員の残業時間〉

	月	火	水	木	金
第1週	2.5	3.2	1.0	1.4	2.2
第2週	2.6	2.8	0.5	1.5	1.8
第3週	3.0	2.5	0.0	4.8	1.8
第4週	2.6	2.0	0.4	2.0	1.5

(単位:時間)

3つすべてに共通するのは、必ず何かしら数字の比較をしたことで導いたものであること。①と②は傾向で、③は異物です。そして、それぞれの(　)の中が「この数字から考えられることは……」という情報になります。

数字を見る↓大小を把握する↓「傾向」と「異物」を探す↓情報に変える

ただなんとなく眺めるのではなく、この手順をしっかり意識して会議資料やエクセルファイルの数字を眺めてみてください。

それが「数字を読む」の基本です。

SECTION 2

データをデータのまま読まない

データ量の多い資料は読みたくない！

データがたくさん並んだ表を読むのはストレスです。

たとえば先ほどの残業時間の例でも、表を縦横に目線を動かしながら眺め、数字を比較していったはずです。

表を見て、どう感じましたか？　モヤモヤ、イライラしなかったでしょうか？

実際のビジネスシーンでは、この表よりももっと多くのデータがビッシリ並んだ表を相手にしなければならないこともあり、あまり「数字を読む」ことに前向きになれませんね。

でも安心してください。そんな人でも簡単に数字を読める方法があります。本当に、誰でも簡単に、一瞬でできることです。

「データ→グラフ」というひと手間

繰り返しになりますが、「数字を読む」コツは「傾向」と「異物」を見つけることでした。裏を返せば、**「傾向」と「異物」が見つかれば「数字を読む」は9割終わったも同然**です。

ならばその2つが見つけやすい状態にしてから数字を読めばよいのです。見つけやすい状態にするために、誰でもすぐにできることが1つだけあります。

それは、**データをグラフ化すること**です。

× データのまま眺めようとする
○ まずはそのデータをグラフ化してしまう

先ほどの残業時間のデータも、私ならすぐにグラフ化してしまいます。こうすれば、「傾向」と「異物」がより見つけやすくなります。実際、それは一目瞭然です

（次ページ図）。

私が企業で働いていたときは、数字がビッシリ並んだ資料を部下がつくってきたら、必ず「グラフ化して」とお願いしていました。部下が出した数字を上司である私は正しく読まないといけません。そのためには、数字を1つひとつ追うのではなく、グラフで捉えることが欠かせないのです。

分析上手な人がしている仕事術

また、私が預かる企業研修においても普段から現場で数字を読むことが得意だと思われる人は、私が指示しなくてもかなりの高確率でこの**「まずはグラフ化してから読む」**を実践します。

一方、数字に対して苦手意識の強い人ほど、なぜか数字がビッシリ並んだ状態のまま、不快そうな表情をしながら一生懸命それを眺めています。このような姿を見ているとなんだかもったいないなと思います。

「データのグラフ化」はプロも使うテクニック

【グラフ化してからデータを読む】

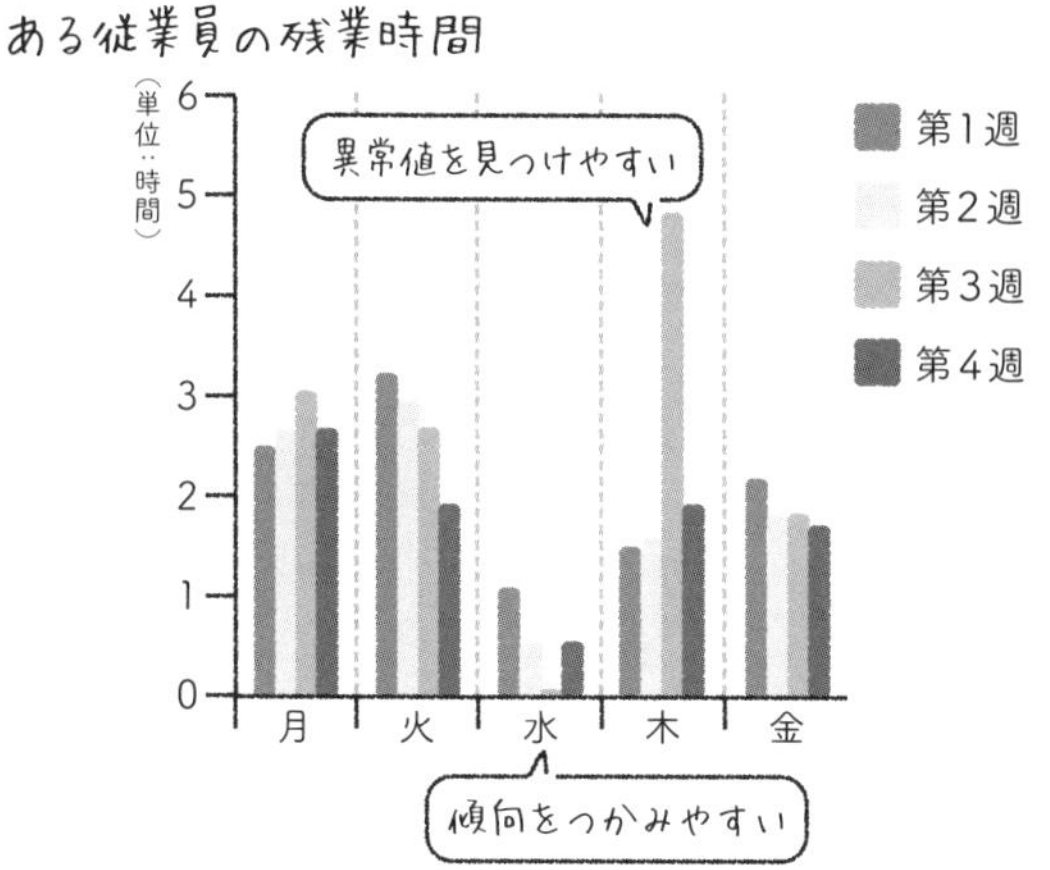

ぜひ実践してもらいたいのは、量の多いデータは一目瞭然の状態にしてから読むということ。

ある数値分析のプロフェッショナルも、「分析するときはまずは目を使いましょう」と指導するそうです。つまり、プロも使っている基本的なスキルだということ。

ビギナーは、プロが行っていることの基本的な部分ができれば十分です。

繰り返しになりますが、データをグラフ化することは誰でも簡単に、短時間でできることです。

今日から実践しましょう。

SECTION 3

「平均値＆中央値＆最頻値」でデータの個性を明らかにする

「平均値＝真ん中」ではない

平均値というものは便利な反面、誤った読み方を導いてしまう危険性もある数字です。たとえば、「平均値」を直感的に「だいたい真ん中の値」や「そのあたりがもっとも多い」と認識していませんか。しかし、必ずしもそうとは限りません。実際、この**「真ん中の値」**は**中央値**と呼ばれ、**「もっとも多い」**は**最頻値**と呼ばれます。

平均値：そのデータの大小を平らに均《なら》した状態にあたる数字
中央値：そのデータを大小順に並べたときにちょうど真ん中に位置する数字
最頻値：そのデータの中でもっとも多く存在する数字

【3つのセミナーの満足度アンケート結果（表）】

	1点	2点	3点	4点	5点
セミナーA	6	8	22	10	4
セミナーB	15	10	4	8	13
セミナーC	1	3	4	13	29

（単位：人）

セミナー参加者　各50人

個性を見抜く3つの数字

たとえば上図のデータは3つのセミナー（A、B、C）の終了後アンケートの結果です。50人の参加者に満足度を5段階で評価してもらったものです。

この表をもとに各セミナーの結果をグラフにすると139ページ図のようになります。このグラフを見ればそれぞれどう評価されているのかが一目瞭然です。

しかし、さらに平均値と中央値と最頻値という具体的な数字を調べてみると、そのデータの個性がよりはっきりわかります。

たとえば、セミナーAについて把握してみます。

〈セミナーA〉
平均値＝（1×6＋2×8＋3×22＋4×10＋5×4）÷50＝2・96（点）
中央値＝50人の点数を大小順にして25番目と26番目の平均値＝3（点）※
最頻値＝もっとも人数の多い点数＝3（点）

※もし人数が奇数だった場合は、大小順に並べたときのちょうど中央に位置する数字を中央値と定義します（たとえば51人だとしたら26番目の数）。

このキラーフレーズで〝デキる〟と思わせる

セミナーBもCも同様に考えると平均値、中央値、最頻値がわかり、たとえグラフを見なくてもこの3つの数字を読むだけでデータの個性をおおよそつかめます。

A：平均値2・96（点）　中央値3（点）　最頻値3（点）

【3つのセミナーの満足度アンケート結果（グラフ化）】

セミナーA

（単位：人）

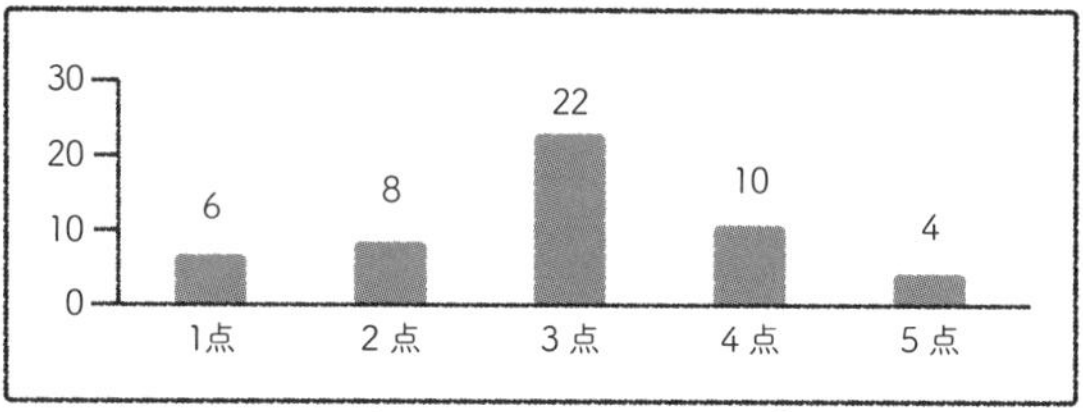

平均値2.96点　中央値3点　最頻値3点

セミナーB

（単位：人）

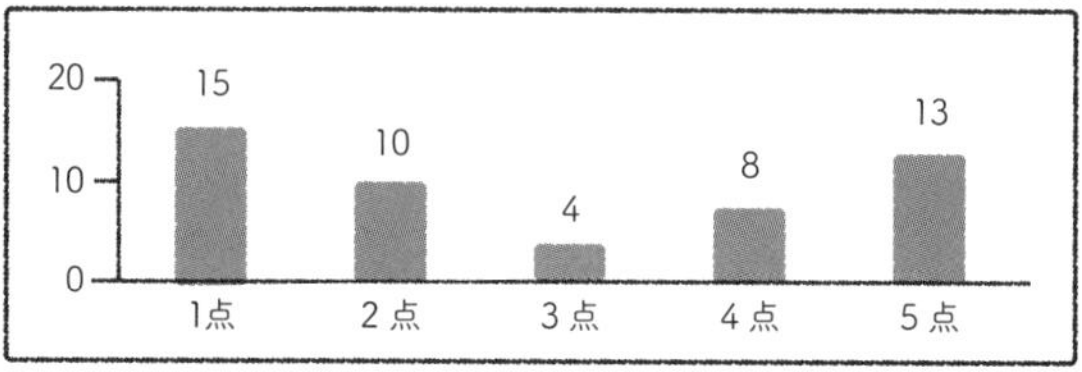

平均値2.88点　中央値2.5点　最頻値1点

セミナーC

（単位：人）

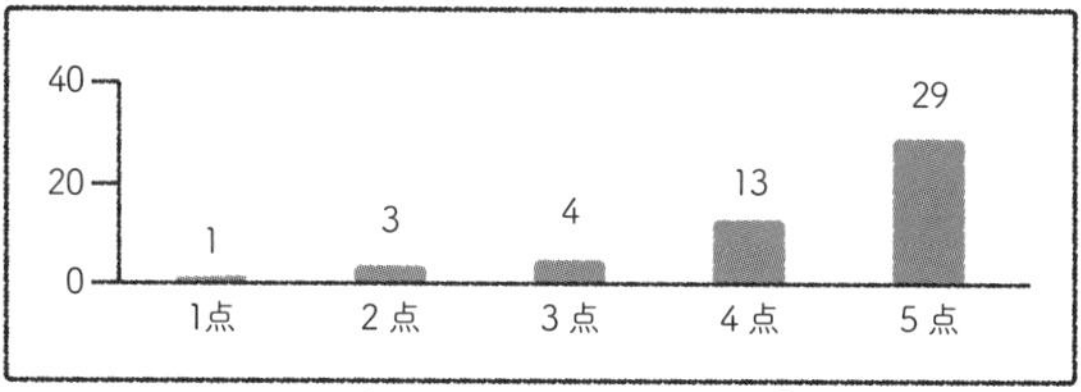

平均値4.32点　中央値5点　最頻値5点

↓3つの数字から推測するに、多くの人が「まあ普通だね」という評価をした

B：平均値2・88（点）　中央値2・5（点）　最頻値1（点）

↓3つの数字から推測するに、1点と5点の人が多く、評価が二極化した

C：平均値4・32（点）　中央値5（点）　最頻値5（点）

↓3つの数字から推測するに、かなり多くの人が5点という評価をした

実際のビジネスシーンでは、決して平均値だけで数字を読まないようにしてください。そして、誰かが平均値だけでよい・悪いなどを語ろうとしたら、必ず**「中央値と最頻値を教えてもらえますか？　あるいはグラフにして見せていただけますか？」**と指摘をしてください。この一言がいえるだけで、周囲からもきっと「彼（彼女）はわかっているな」と思ってもらえるでしょう。

なお、平均値、中央値、最頻値を求めるにはエクセルの関数があります。実際に仕事で必要になったときは巻末資料18〜19ページを参照してください。

SECTION 4

「平均値±標準偏差」でデータの"姿"を数値化する

平均値に対する散らばり具合を数値化する

前項では中央値や最頻値という数字でデータの個性をつかみましたが、ここではビジネスパーソンにとってさらに強力な武器となる「標準偏差」という数字について説明します。

この標準偏差は平均値という数字をより深く読み解くために役立ちます。そして最終的には、たとえば来店者数といったものを予測する際に、どの程度の範囲を想定しておけばよいのかについて説得力ある説明ができるようになります。

ある**データの標準偏差（standard deviation）とは、そのデータの平均値に対する散らばり具合（ばらつき）を数学的理論により数値化したもの**です。たとえば株価などは変動が大きい銘柄はリスクが高く、小さい銘柄はリスクが低いと考えます。この高い・低いを数字で表現しようという考え方が、標準偏差のイメージです。

身近な例を1つ挙げましょう。次ページ図は、通販サイトにおけるある商品の購入者による5段階評価です。14人が評価をしており、その平均が3・2点です。しかしその中身を見ると3点をつけた人は少なく、1点や5点をつけた人がたくさんいてばらついています。この評価を見ると、自分にピッタリな商品かどうか判断するのが難しい、つまり購入にリスクがあるといえます。

誰かに説明するときは、グラフだけではダメ

このような平均値からの散らばりの「大きい」「小さい」を具体的な数値にできると、たとえば複数のデータ同士を比較してどちらの散らばりが大きいかを評価し、シンプルに説明することができます。もちろん、グラフだけでもその〝姿〟は伝えられますが、パッとグラフで見せただけでは細かい違いを説明するのが難しいケースでこそ、威力を発揮してくれる数字が標準偏差なのです。

【ある商品の評価】

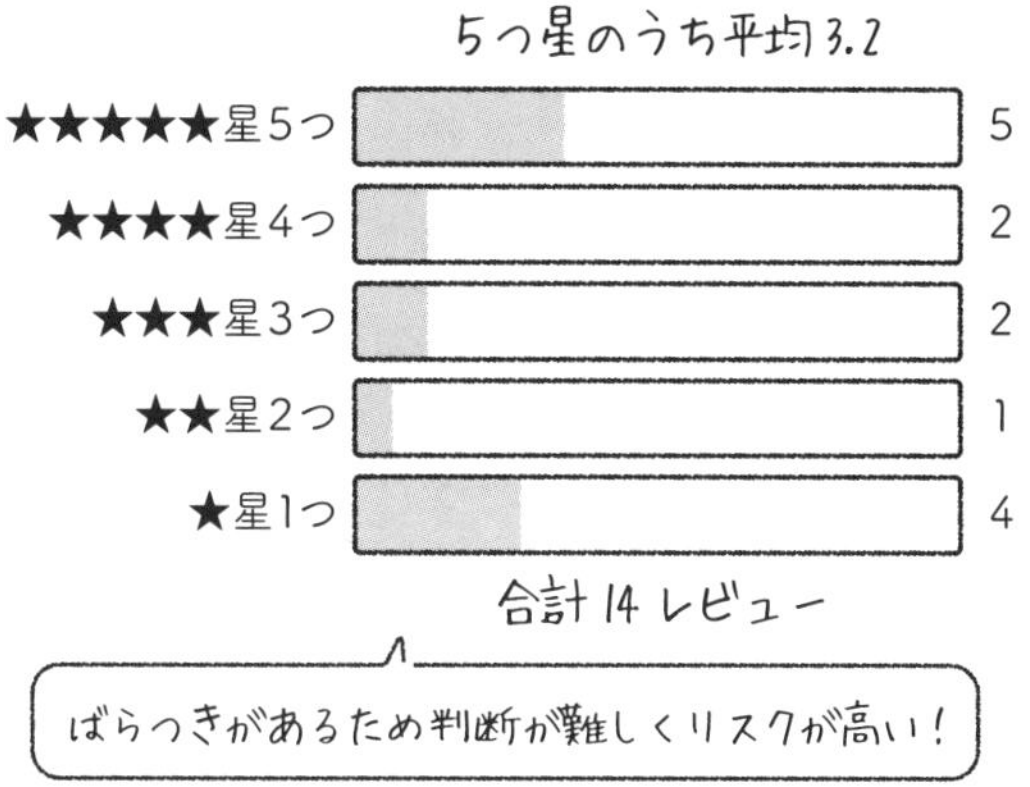

すでにお伝えしたように、私はデータを読む際にはまずグラフにすることをおすすめしています。ただ、それはあくまで自分自身がデータからざっくり傾向や異物をつかむときに限ります。

そのデータからいえることを誰かに正しく説明しなければならないときは、「そんなのグラフを見てもらえればなんとなくわかるでしょう？」といった雑な仕事はNGです。

エクセルで標準偏差を求める

ここでは数学的理論は割愛し、まずは標準偏差という数字のつくり方とその意味を説明することにします。以降もあくまでビジネスパーソンが使うことを主題に解説を進めていきます。

いったいどのような理論で標準偏差は計算されているのか詳しく知りたい方は、240ページで参考文献を紹介していますのでそちらを参照してください。

あるデータの標準偏差を計算したければ、エクセルにおいて次の関数を使ってください。5秒もあれば誰でも簡単にできます。

標準偏差＝STDEVP（データを選択）

巻末資料18〜19ページでもこの関数について解説しています。あわせて確認してください。

たとえば、前項のセミナーAのデータ（139ページ図）ならば、次ページ図のように作業をすることで標準偏差1・08という数値が得られます（小数第3位は四捨五入）。同様の作業でほかの2つのセミナーについても平均値と標準偏差という2つの数値を得ることができます。

【標準偏差の求め方】

	A	B	C	D	E	F	G	H	I	J	K	L	M	N	O	P	Q	R	S	T	U	V	W	X
1	●セミナーAのアンケート結果																							
2																	1	1	1	1	1	1	1点×6人	
3															2	2	2	2	2	2	2	2	2点×8人	
4	3	3	3	3	3	3	3	3	3	3	3	3	3	3	3	3	3	3	3	3	3	3	3点×22人	
5													4	4	4	4	4	4	4	4	4	4	4点×10人	
6																			5	5	5	5	5点×4人	

平均値	2.96
中央値	3
最頻値	3
標準偏差	1.08

セミナーA：平均値2.96（点） 標準偏差1.08（点）
セミナーB：平均値2.88（点） 標準偏差1.61（点）
セミナーC：平均値4.32（点） 標準偏差0.99（点）

データの散らばりが見える「平均値±標準偏差」

平均値と標準偏差という数字は、いったいどのような意味を持つのでしょうか。

ほかの数学の専門家には叱られてしまうかもしれませんが、ものすごく直感的かつ曖昧に説明するなら、**「平均値±標準偏差」の範囲にだいたいのデータがある**と理解していただいて構いません。

たとえば、先ほどの3つのセミナーのデータなら、147ページ図のグラフに表示されている範囲の中にだいたいのデータが散らばっているというイメージです。そのイメージと139ページの3つのグラフで伝わってくる情報とはおおよそ合致しているはずです。

なお、セミナーCに関して補足すると、実際は5・31点という点数は存在しませんので、あくまでもこれは理論値であり、「だいたいこのくらいの範囲にデータがたくさん散らばっている」という感覚をつかむことを目的としている点を繰り返しお伝えしておきます。

標準偏差という数字の考え方をイメージできたところで、次項からこれをビジネスではどう使うのか説明していきます。

【3つのセミナーのデータの散らばり具合】

平均値 ± 標準偏差
‖
「だいたいこの範囲にデータが散らばっている」

セミナーA　1.88～4.04の間にだいたいのデータがある
（2.96－1.08～2.96＋1.08）

セミナーB　1.27～4.49の間にだいたいのデータがある
（2.88－1.61～2.88＋1.61）

セミナーC　3.33～5.31の間にだいたいのデータがある
（4.32－0.99～4.32＋0.99）

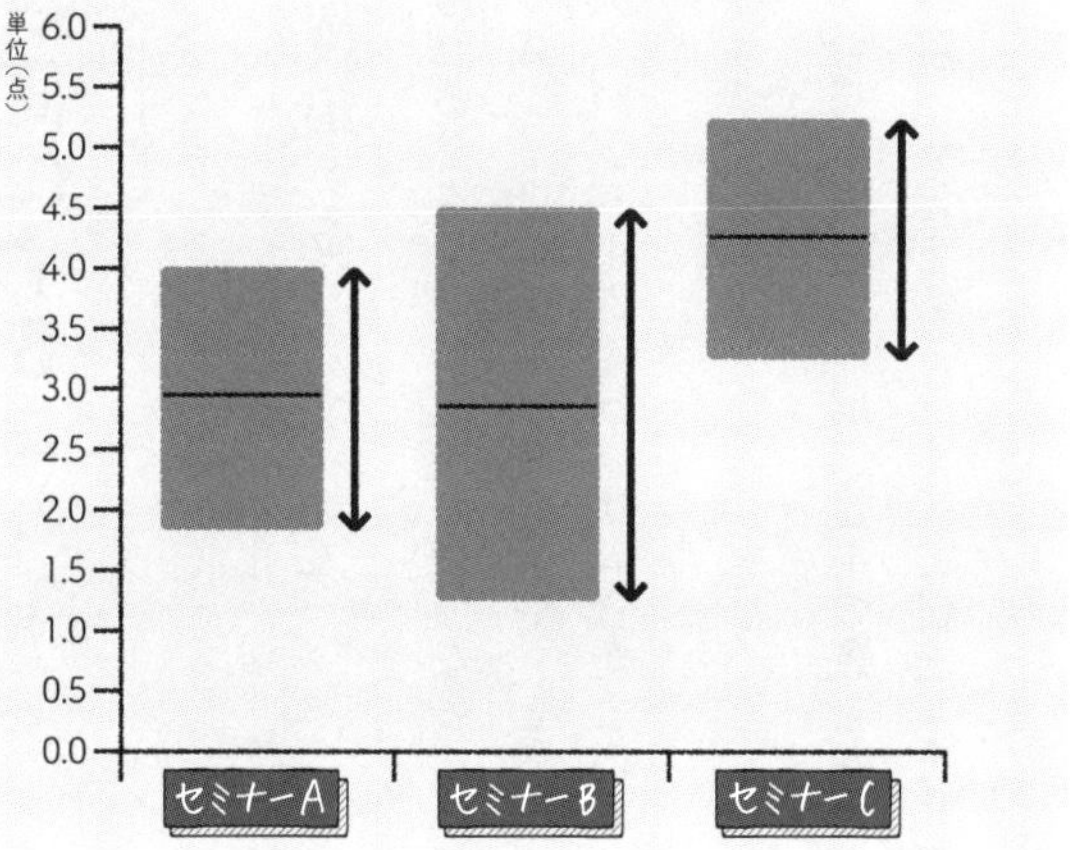

SECTION 5

標準偏差を目標数値にすることで品質を高める

「平均値」と「標準偏差」で目標値を設定する

株価の話を思い出してください。もし得られるリターンの規模が近いなら、リスクは高いよりは低いほうがよい。つまり、リスクは低いほど「質がよい」と考えます。同じように、ビジネスでも散らばりが大きいより小さいほうが「質がよい」という考え方をするケースがたくさんあります。

ビジネスで標準偏差をどう使うか。もっとも基本的なものは、**仕事の質を向上させるための目標設定に使うこと**です。もう一度、先ほどのセミナーの例をもとに考えてみましょう。

たとえば再びセミナーAを開催することになったとします。あなたがその企画担当者だとしたら、どうやって前回よりも今回のほうがいいセミナーになると上司に説明するでしょうか。

そんなときこそ、「よいセミナー」とは何かを具体的な数字で定義し、その数字を目標値にします。仮に平均点が高く、かつ標準偏差も小さいセミナーCが「よいセミナー」だとしましょう。

すると、次回のセミナーAは平均値をおよそ1・3ポイントも上げる必要があります。一方、標準偏差はほぼそのままキープでよいという数値目標です。つまり、散らばり具合はそのままでOKですが、参加者全体の満足度を高めることが課題となります。

施策としては、集客する対象者の属性は前回と同じで構いませんが、セミナーの内容そのものを大きく見直すことが考えられます。つまり、似たような参加者に平均1・3ポイント高いスコアをつけてもらえるような内容にするということです。

同様に考えれば、セミナーBを再び開催する場合も平均値をおよそ1・4ポイント上げる必要があります。さらに標準偏差はおよそ0・6ポイント減らすことが具体的な数値目標になります。

セミナーBは、かなりのばらつきがある評価結果でしたので、セミナーの内容と一部の参加者の期待するものにミスマッチが起こっていた可能性が高いと考えられます。しかし一方で、満足した参加者が多かったことも事実です。

よってセミナーの内容はそのままにして、集客のほうに改善策を見出します。参加者の属性や参加の目的がセミナーの内容としっかり合致するよう、告知内容などを見直す必要があります。

「散らばりが小さい=よい」ケース

この「セミナーの満足度」の例に限らず、ビジネスにおいては散らばりが大きいよりは小さいほうが「質がよい」とされるものはたくさんあります。

見直しをするための判断基準

新製品の適正価格をリサーチした結果に大きなばらつきがあったら、その製品の価格設定はとてもリスクの高い難しい仕事になります。製品のコンセ

【「よいセミナー」と評価されるための数値目標】

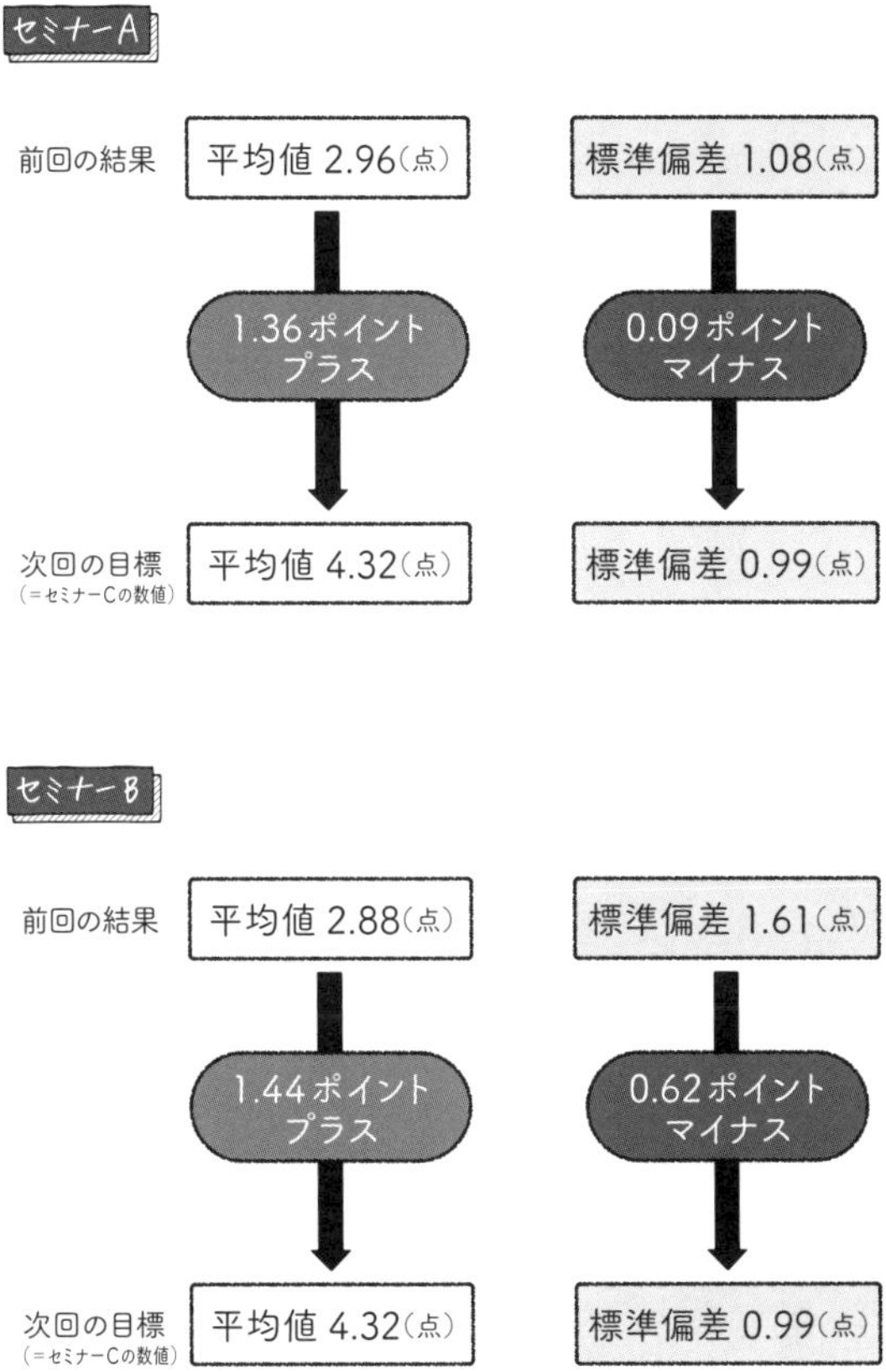

プトを見直す、あるいは対象者をもっと絞って再びリサーチしてみる、といった仕事が必要になるでしょう。

そのとき、具体的に「これくらいの標準偏差以下なら（つまりこれくらいのリスクなら）、その平均値で価格設定してＯＫ」という基準があったほうがよいのはいうまでもありません。このようなとき、先ほどの「よいセミナー」を数字で定義したように、散らばり具合をどのくらいまで小さくするかを具体的な数字で目標設定しておくとよいでしょう。

品質管理の目標設定

製造業においては日ごとに不良品の発生数にばらつきがあることは大きなリスクです。昨日は10個しか不良品が発生しなかったけれど、今日は１００個も発生してしまった、というのでは事業が不安定になってしまいます。

平均の不良品発生数はどれくらいを目標にするのか。その散らばりは標準偏差でいくら以下におさえるのか。「製造ラインの品質維持」という仕事を具体的な数値目標に置き換えることで、維持できている、いないを明確にします。

投資する際の選定条件

ビジネスからは離れますが、たとえばプライベートにおいて投資を始めるときなどもこの標準偏差という数字が1つの指標になっています。たとえば投資信託関連の情報サイトを閲覧してみてください。ファンドごとにリターンの高さはもちろん、標準偏差の数値も紹介されており、「やや小さい」「やや大きい」といったわかりやすい表現で解説しているサイトもあります。当然ながら、標準偏差が小さいほうが安定していると評価をします。

「標準偏差」は、ビジネスだけではなく、これからの人生においても必要な数字になるかもしれません。

このような例からわかるように、「散らばりが小さい＝リスクが低い＝よい」といったケースでは、単に平均値だけを目標値にするのではなく標準偏差にも目標を設定しましょう。品質がよいこと、あるいは改善されたことを証明してくれる便利な数字ですから、ぜひ活用してみてください。

SECTION 6

「標準偏差÷平均値」で相対評価する

「標準偏差÷平均値」で1つの数字にしてしまう

続いては、もうワンランク上の標準偏差の使い方を説明します。「お？　この新人は数字がわかっているな」と思ってもらえる簡単なテクニックです。

このテクニックを使うメリットは2つあります。

1つは複数のデータを比較したいとき、平均値と標準偏差という2種類の数字で比較することの煩雑さを軽減できること。

そしてもう1つは、その比較した結果を極めてシンプルかつ説得力ある内容で説明できることです。

改めて先ほどの3つのセミナーの平均値と標準偏差を確認しましょう。

セミナーA：平均値2・96（点）　標準偏差1・08（点）
セミナーB：平均値2・88（点）　標準偏差1・61（点）
セミナーC：平均値4・32（点）　標準偏差0・99（点）

もっとも「よいセミナー」をCと定義しましたが、それは標準偏差がもっとも小さく、かつ平均値がもっとも高いからです。つまり、次のように表現できます。

よいセミナー＝（標準偏差が小さい）かつ（平均値が高い）

これを数学的に表現すれば、次の数値が小さいものほどよいセミナーであったと評価できることになります。

セミナーの評価＝標準偏差÷平均値※

※この計算結果を学問の世界では「変動係数」と定義します。これは、異なるデー

タ同士の散らばり具合を相対評価する際に用いられるものです。

割り算が出てきたことに違和感を覚える方もいるかもしれませんが、単純な比率（割合）と捉えてみてください。たとえば、一般的な目標値に対する達成率（つまり評価）といった数字は次の計算式で表現できます。

達成率＝実績値÷目標値

あるいは就活生の内定辞退率、テレビの視聴率などもすべて2つの数字を割り算することで「多い・少ない」や「よい・悪い」が説明できる数字です。

このように2つの数字を割り算した結果によって物事を評価することは日常にも頻繁に登場します。

複数のデータをシンプルに比較

では本題に移りましょう。

【3つのセミナーの平均値と標準偏差による評価】

標準偏差 ÷ 平均値 ≒ セミナーの評価

（小さいほどよい）

セミナーA　1.08 ÷ 2.96 ≒ 0.36

セミナーB　1.61 ÷ 2.88 ≒ 0.56

セミナーC　0.99 ÷ 4.32 ≒ 0.23

C(0.23) < A(0.36) < B(0.56)

よい　　まあまあ　　いまいち

先ほどの3つのセミナーのデータでその比率を計算してみましょう（上図。すべて小数第3位を四捨五入した表記）。

この数値がセミナーの評価であると定義していますから、もっとも「よい」はもちろんセミナーC、「まあまあ」はA、「いまいち」はBと説明できます。

さらに、この比率を使えば改善された・されていないも明確に説明できます。たとえばセミナーAとBをもう一度実施したところ、159ページ上図のような結果だったとします。

セミナーAとBのどちらも平均値は

大きくなり、標準偏差は小さくなっています。目標とするセミナーはCでしたが、どちらも改善されたことに間違いありません。

しかし、改善度がより高いセミナーはAとBのどちらかを考えたとき、単純にこれらの実数だけ眺めていても説明するのは難しいものです。なぜなら、（繰り返しになりますが）どちらも平均値は大きくなり、標準偏差は小さくなっているからです。

このようなときこそ、先ほど紹介した比率で説明してみてください（次ページ下図。すべて小数第3位を四捨五入した表記）。

まずは標準偏差÷平均値の値0・28と0・24の比較により、「よいセミナー」はAよりもBという説明ができます。さらに改善された数値を比較することで、Bのほうが前回からの改善度も高いと説明できます。もしセミナーAとBで担当者が異なるのであれば、Bの担当者をより評価するべきという根拠にもなります。

このように平均値と標準偏差との比率を計算することで相対評価が可能になり、

【二度目のセミナーA・Bのアンケート結果】

セミナーA

前回の結果	平均値 2.96(点)	標準偏差 1.08(点)
↓		
今回の結果	平均値 3.54(点)	標準偏差 0.98(点)

セミナーB

前回の結果	平均値 2.88(点)	標準偏差 1.61(点)
↓		
今回の結果	平均値 4.10(点)	標準偏差 1.00(点)

【二度目のセミナーA・Bの平均値と標準偏差による評価】

セミナーA

前回の結果 1.08÷2.96＝0.36

↓

今回の結果 0.98÷3.54＝0.28　0.08ポイント改善！

セミナーB

前回の結果 1.61÷2.88＝0.56

↓

今回の結果 1.00÷4.10＝0.24　0.32ポイント改善！

複数のデータの比較をシンプルに説明できます。これは小売業でいえば、複数の店舗の前年比を比較して評価することと似ています。

規模が異なるもの同士を比較できる

この考え方は規模の異なるデータ同士を比較する際に特に有効です。たとえば、(あまり実感を伴わない例ですが) 仮にもう1つ「セミナーD」があり、これに限りアンケートが5点満点ではなく10点満点だったとします。

スコアの規模が大きくなっているため、当然ながら平均値や標準偏差という実数の規模感もそれに比例して大きくなる可能性が高いです。平均値が5点より大きい数字になることも十分考えられ、そうなるとセミナーA (あるいはセミナーB、C) と単純に比較することが難しくなります。

そんなケースでも割り算を用いて比率を計算すれば、セミナーAとDを比較することができ、どちらの改善度が高いかも相対的に評価することができます。

そのほかにも、規模の異なるものの比較として次のようなものがあります。

・実店舗とネット通販
・紙の書籍と電子書籍
・東京本店と札幌支店
・日本支社と米国支社
・新人の山田さんとベテランの佐藤さん

このような比較を試みたいときこそ、相対評価をしてみてください。

仕事内容や規模といった前提の部分がまったく異なるもの同士でも比較することができ、どちらがよいのか、どちらの品質がより改善されたのかを説明することができます。

実数では難しいケースなら割合を使う。

第1章でお伝えした通り、「ビジネスで使う数字は実数と割合の2種類しかない」という事実は本質的かつ重要なのです。

SECTION 7

誰でも使える、データを読むための「5ステップ」

「5つのステップ」で考える

最後に本章のまとめも兼ねて、データを読むという仕事の流れを整理します。ここまで説明してきたことを使って5つのステップでデータを読みこなしましょう。

ステップ1　まずはグラフ化し、「傾向」と「異物」を把握する
ステップ2　データの平均値と標準偏差を計算する
ステップ3　必要であれば「異物」を除き、改めて平均値と標準偏差を計算
ステップ4　「平均値±標準偏差」で〝だいたいの散らばりの範囲〟を把握する
ステップ5　「標準偏差÷平均値」で相対評価する

個性の違う2つの店を数字で比較する

ここではある小売店の東京店と大阪店を題材に、実際のビジネスシーンを想定してデータを読み解いていきましょう。

ステップ1

ある年の8月中の日別来店者数の推移を折れ線グラフで表したものが165ページ〈図1〉です。東京店は日ごとに来店者数の変動がかなり大きく、大阪店は安定した上昇傾向にあります。さらに東京店には上旬と中旬に2箇所ほど「異物」があります。この異物は、たとえば花火大会やコンサートが近隣で開催されたなど、何か特別な要因による結果であることが容易に推測できます。

ステップ2

続いてエクセルを使って平均値と標準偏差を計算したところ、165ページ〈表1〉のような結果になりました。グラフでつかんだイメージ通りの結果であり、数字の裏付けもとれました。

ステップ3

ただ、東京店の2箇所ほどの「異物」が平均値や標準偏差の大きさに関与していることは明らかであり、単純に〈表1〉の数字を比較することに、あまり意味があるようには思えません。そこでエクセルのデータ内にあるこの2つの「異物」を外し、再び平均値と標準偏差を計算してみます。こうすることでイレギュラーな要素を排除した状態になり、数字を比較することに意味が出てきます。

次ページ〈表2〉がその結果です。2つの「異物」を除いたところ、東京店の平均値は大阪店をわずかに下回る数字になっています。さらに標準偏差は123から48まで小さくなりました。

ステップ4

これらの数字を使うことで「平均値±標準偏差」が計算でき、「だいたいの散らばりの範囲」が数値化できます。〈表2〉の通り、大阪店のほうが散らばりの範囲

【ある小売店の東京店と大阪店のデータの比較】

図1 8月の東京店・大阪店の日別来店者数

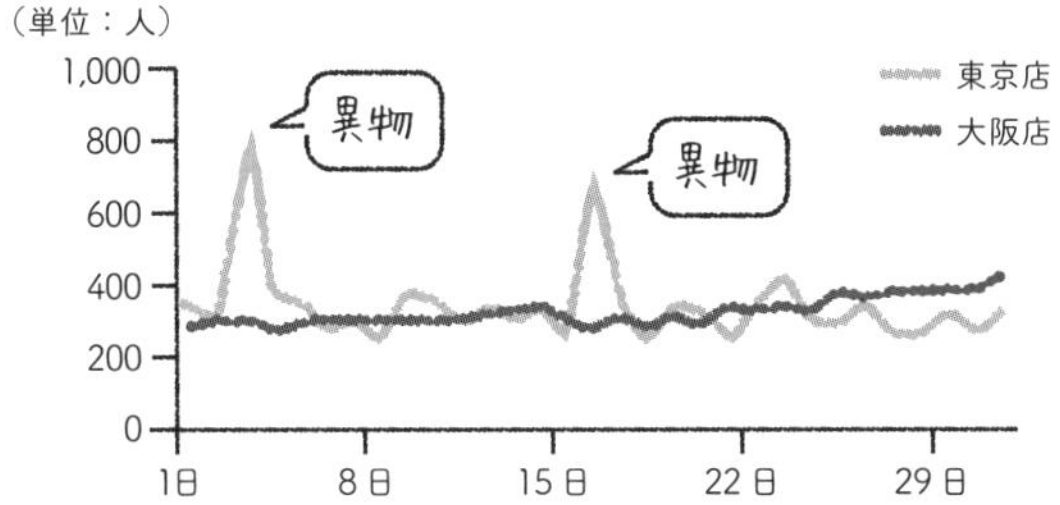

表1 まずはそのまま算出

	東京店	大阪店
平均値	351	334
標準偏差	123	32

＊小数点以下を四捨五入

表2 東京店の2つの「異物」を除いて算出

	東京店	大阪店
平均値	321	334
標準偏差	48	32
平均値 ± 標準偏差	273〜369	302〜366
標準偏差 ÷ 平均値	0.15	0.10

＊「標準偏差 ÷ 平均値」のみ小数第3位を四捨五入

が小さいことが説明できます。

ステップ5

また、「標準偏差÷平均値」で相対評価をしても、大阪店の質が高いという結果になっています。グラフ化することでなんとなくつかんだ印象について、具体的な数字でも裏付けがとれました。

以上より、もしこの傾向が続くのであれば、〈図1〉のグラフから大阪店のほうがゆるやかな増加傾向にあり、今後もさらなる増加が期待できます。さらに大阪店のほうが、この先の来店者数の予測が外れるリスクも低いと説明できます。

株価で喩えるならリスクが低く、かつ上昇傾向にある銘柄ということです。今後どちらの店舗に人員を多く配置するか、そして適正な人員はどのくらいかといった議論の際に、これらのデータを使えば数字を使った説得力ある説明ができます。

たとえば、東京店はイレギュラーなケースを除けば、1日の来店者数は「平均値±標準偏差」の結果から常時273人から369人の間に入ると想定してスタッフの勤務計画を立てればよいでしょう。一方、大阪店は302人から366人の範囲、ゆるやかな上昇傾向にあることも考慮して若干プラスαの人数を想定してスタッフの勤務計画を立てるべき、と説明できるでしょう。

読める→説明したくなる→楽しくなる

このように平均値と標準偏差をセットにして数字を読むことで得られるメリットはとても大きいです。

数字に苦手意識がある人ほど、最初は数字の並んだ表やエクセルを使うことに抵抗があるものです。でも、専門的なデータ分析を仕事としていないのであれば、入社して数年はこのくらいまで知っていれば十分に「数字が読める人」といえます。

データというものは、読めるようになるとそれを誰かに説明したくなるものです。それを楽しいと思えるようになったら、勝ちです。

「未来のことは、これくらいの範囲で考えてくださいね」
「過去の実績からいえば、リスクが大きいのはこっちですよ」

そんなことを数字で説明できるビジネスパーソンを目指してみませんか？

Column 4

チェビシェフの不等式

「平均値±標準偏差」の範囲にだいたいのデータが散らばっている。本書では極めて直感的かつ曖昧にそう説明しました。実はこの範囲を少し広げると、数学的理論により導かれた具体的な事実があるのでご紹介しておきます。

「平均値±（標準偏差×2）」の範囲に全データの75%以上が散らばっている。言い換えると、あるデータがこの範囲に入っている確率は75%以上である。

これはチェビシェフの不等式と呼ばれるものであり、その数学的理論はかなり複雑なものです。その解説は専門書に譲ることとしますが、ビジネスでは平均値と標準偏差を使って予測の範囲を説明する際に、ちょっとした「言い回し」として使ってみてはいかがでしょう。「この新人、数字に強いな！」という印象が残せるかもしれませんよ。

第5章

実は先輩も知らない！数字とグラフを使った資料づくりのコツ

この資料は君の「仕事」を感じない

新人「来週の会議で使う資料、データやグラフも入れてつくっておきました」
上司「おう、ありがとう。ちょっと見せて」

経理部門の新人が上司から依頼されていた会議資料の作成が完了したことを報告しています。簿記なども勉強しており、数字を見ることはどちらかというと得意な彼女。しかし……。

上司「ちょっといい？」
新人「はい」
上司「この資料からは、君の『仕事』を感じないなぁ……」
新人「はい？」
上司「たとえばここのグラフだけど、何がメッセージのグラフなの？」
新人「メッセージ、ですか？」

上司「グラフって、伝えるべきことがあって、それを伝わりやすくするために使うものだろ?」

新人「あ、はい……」

上司「あとここの表、ただ単にたくさん数字が並んでいるだけだけど、いったいどこにフォーカスして見ればいいの?」

新人「フォーカス、ですか……?」

上司「単に資料をつくることが君の仕事じゃないよ」

新人「はい」

上司「せっかくつくるなら、伝えるべきことが伝わりやすくなるような資料になるよう、『ひと手間』や『工夫』を加えてみてほしいんだ」

新人「『ひと手間』ですか?」

上司「料理と同じ。ひと手間加えたほうが美味しいものになるでしょ」

新人「わかりました。やってみます」

SECTION 1

「何を表現したいのか?」でグラフを選ぶ

3つの基本グラフである棒グラフ・折れ線グラフ・円グラフ

すでに本書の中でもいくつものグラフが登場しています。おそらく多くの方が、これまで資料作成などの機会にたくさんのグラフをつくってきたことでしょう。しかし、グラフづくりは誰もが当たり前のようにする作業だからこそ、基本的な作法を知っておかないと思わぬときに恥をかいたりします。

そこで第5章では、資料作成に使う「グラフ」のつくり方と作法についてお伝えします。「自分は使いこなしているから大丈夫」と安心せず、しっかり基礎をおさえてください。

まず、ビジネスで頻繁に使われる3つのグラフとその用途について整理しておきます。もちろんケースバイケースですが、まずはこれを原則としておきましょう。

棒グラフ　：大小比較を表現する際に使う
折れ線グラフ：推移を表現する際に使う
円グラフ　：シェア（割合）を表現する際に使う

選定基準は「何を表現したいのか？」

たとえば、ある事業における1週間の日別売上高を3種類のグラフにしてみます（175ページ図）。〈グラフA〉は平日よりも土日の売上高が低いことが伝わりやすく、〈グラフB〉は月曜日から日曜日にかけて徐々に売上高が減少していることが伝わりやすく、〈グラフC〉は曜日別の売上高シェアがはっきりわかります。

つまり、「○○が大きい（小さい）」といったデータの大小比較を表現したいときには棒グラフを使います。「増えている（減っている）」といった推移を表現したいときには折れ線グラフ、シェアを一目瞭然にしたいときは円グラフを使います。

要するに、そのデータから何を表現したいのかを決めることが先。そうすれば選ぶグラフは必然的に決まるはずです。

いきなり「何グラフにしようかな……」と考えてはいけません。基本中の基本として、しっかりおさえておきましょう。

〈BAD〉
「このデータ、何グラフにしようかな?」
↓「折れ線グラフが見やすいかな。いやそれとも棒グラフかな……?」
↓「なんか棒グラフのほうがインパクトがありそうだな……」

〈GOOD〉
「このデータで私は何を表現したいのかな?」
↓「減少傾向にあるという事実だ」
↓「じゃあ折れ線グラフで」

【ある事業における日別売上高をグラフで表現】

もととなるデータ

曜日	月	火	水	木	金	土	日
売上高(円)	493,400	539,150	499,410	556,010	487,500	345,270	325,960

グラフA 大小を表現したいときは「棒グラフ」

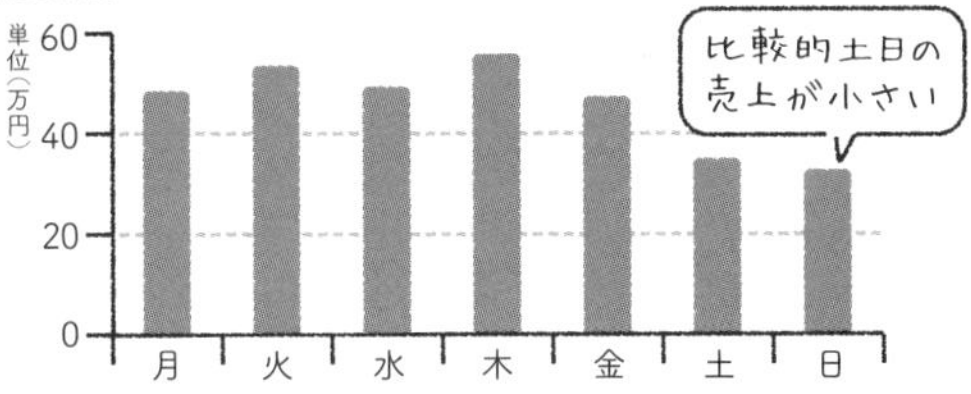

グラフB 推移を表現したいときは「折れ線グラフ」

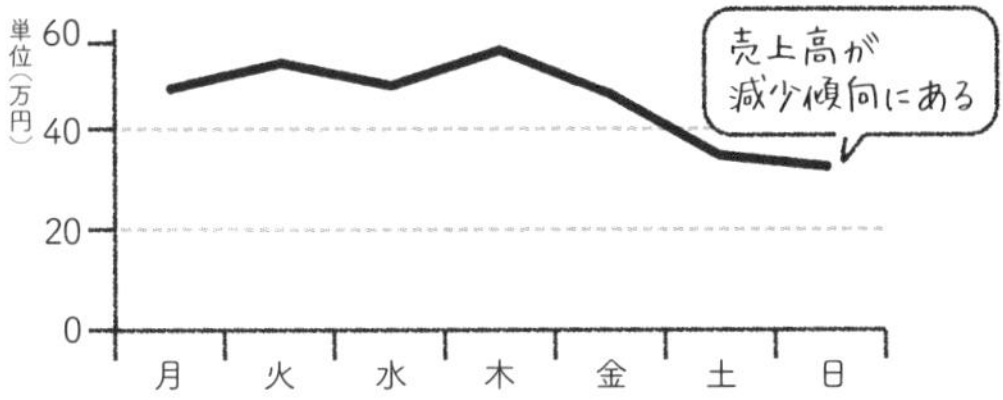

グラフC シェアを表現したいときは「円グラフ」

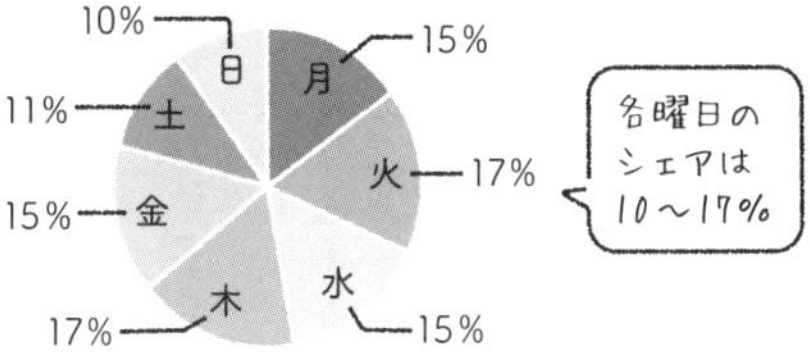

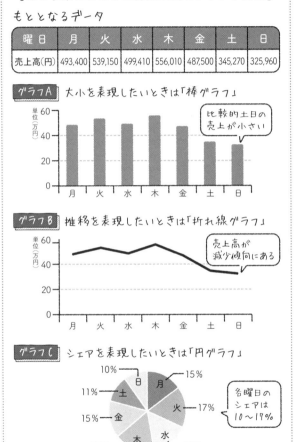

SECTION 2

1つのグラフに1つだけメッセージを添える

「メッセージ」と「優しさ」を込めてグラフをつくる

3つの基本となるグラフの用途を紹介しましたが、グラフを資料に組み込むときなどは、先ほどのようなグラフのままでは十分ではありません。次の2つのポイントが不足しています。

- ・1つだけメッセージを込める
- ・視覚的に優しく

ひと手間を加えることでグラフにメッセージを込め、相手が「ああ、これがいいたいのね」と一瞬で伝わるようにしてください。そうすることで、ようやくグラフは相手にとって意味を持ちます。

たとえば、175ページの〈グラフA〉は「平日よりも土日の売上高が低い」を伝えたいのであれば、平日と土日を比較するように表現されているほうが、よりメッセージは伝わりやすいはずです。もっともシンプルな方法は色を変えることでしょう。

また、そのことを伝えるために目盛りの横線は必要でしょうか。どうしても必要なもの以外はカットしてしまったほうがすっきりしますし、視覚的にも優しいグラフになります（179ページ上図）。

また、〈グラフC〉がもし「平日の売上高がおよそ8割を占める」ことが主たるメッセージだとしたら、同様の発想でグラフにひと手間加えたほうがいいでしょう。伝えたいメッセージを込め、かつ視覚的に優しいものにすると179ページ下図のような円グラフになります。

資料づくりも料理も、「ひと手間」が大事

つまり、伝わるグラフとは、ひと手間を惜しまずにつくったグラフ。ただデータ

をそのままグラフにしただけでは相手にメッセージが伝わらないということです。
ちょっとしたことですが、仕事がデキる人ほど、このひと手間をしっかりかけています。裏を返せば、そういう人たちはグラフを確認するときも、そのような視点で見ているということです。

グラフは誰でもつくれます。
だからこそ、ひと手間かけたグラフをつくれるかどうかがライバルとの差になります。気づかないところでマイナス評価をされないよう、細部まで手を抜かずに気を配りましょう。

資料づくりは料理と同じ。味付けや盛りつけにひと手間を加えるだけで、その味や印象がまったく変わってくるものです。手間を惜しまず手を尽くすことが、仕事の質を高めるためには必要です。

【ひと手間加えた伝わるグラフ】

グラフA にひと手間加えたグラフ

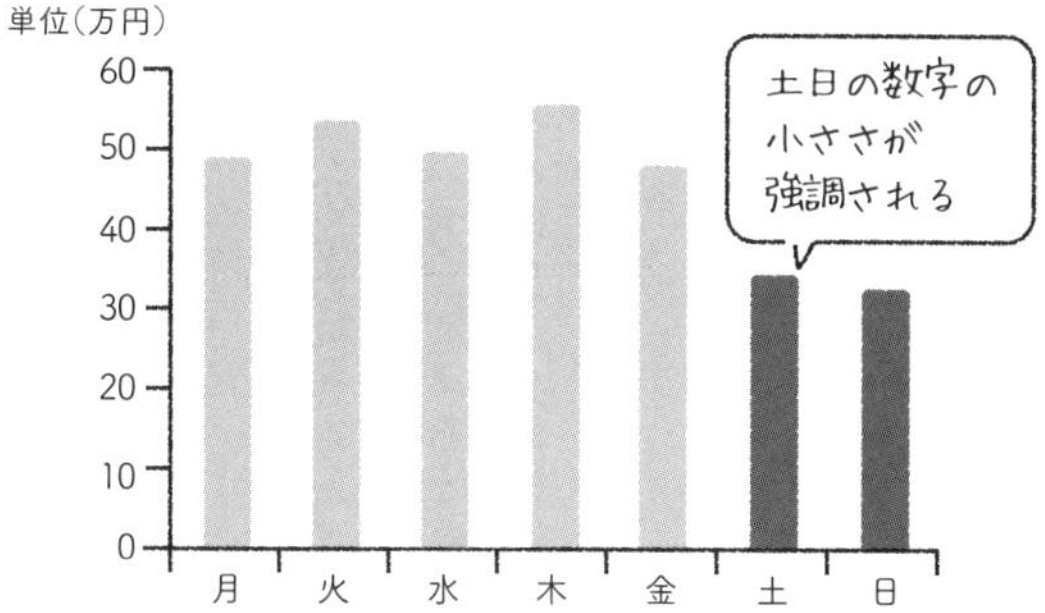

グラフC にひと手間加えたグラフ

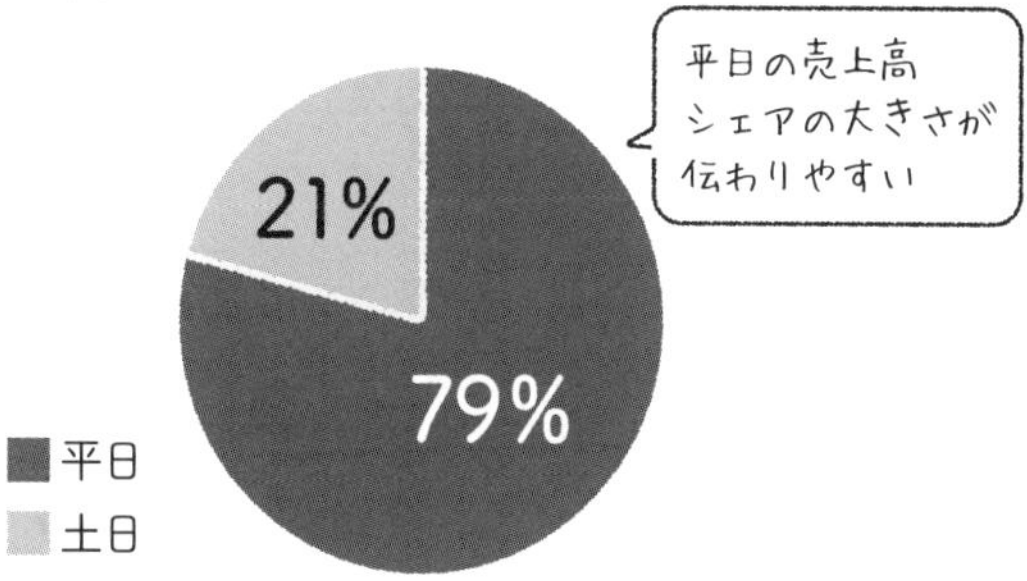

SECTION 3

散布図で相関関係を一目瞭然にする

2つのデータの関係をグラフで表す

2つのデータの一方が増えるともう一方も増える（あるいは減る）という関係があるとき、その2つのデータには「相関関係がある」といいます。たとえば気温が上がれば上がるほど（下がれば下がるほど）かき氷は売れる（売れない）、といったものです。

ビジネスによくある具体例を挙げましょう。

たとえば上司から、自社のネット通販事業において売上アップにつながる施策をマーケティングの視点から考えるよう指示されたとします。この1か月、売上高は減少の一途をたどっており、その要因を特定することはとても重要な仕事です。

単純にアクセス数が減ったのではないかと疑うところからスタートするかもしれませんが、実際の要因はそんな単純なものではないことのほうが多いでしょう。

アクセス解析ツールなどでデータを調べてみたところ、日別のアクセス数の増減と売上高の増減にはほとんど相関関係がないことがわかり、実はWebサイトの直帰率（1ページのみを見て、サイトから離脱する行動の割合）が大きいほどその日の売上高は小さい傾向にあることがわかりました。このような重要な事実が、一瞬で伝えられるグラフがあると便利です。

「散布図」で相関関係を説明する

183ページのグラフを見てください。〈グラフ1〉は横軸を売上高（万円）、縦軸を直帰率（％）としています。このようなグラフを**「散布図」**と呼び、エクセルのグラフ機能に装備されています（エクセルでの作成法については、巻末資料20〜21ページ参照）。

ご覧の通り、直帰率が高い日ほど売上高も低い傾向にあることが一目瞭然です。つまり相関関係があるといえます。ところが売上高とアクセス数の関係を表現した

〈グラフ2〉は相関関係があるとはいえません。

以上からわかることは次の2つであり、散布図はそのメッセージを端的に伝えることができます。

・直帰率を下げることで、売上増加につながる可能性がある
・単にアクセス数を増やしても、売上増加につながるとは考えにくい

売上アップのためにすべきこととは？

ただし、売上高と直帰率はあくまで相関関係があるに過ぎず、原因と結果の関係（因果関係といいます）になっていると考えてはいけません。直帰率の低下という出来事そのものが売上減少の原因になっているのではなく、売上減少の直接的な要因は別にあり、その要因が直帰率の低下も招いていると考えるのが自然です。

そこで、第2章でも説明した「なぜなら」「したがって」を使って仮説をつくりましょう。

【相関関係をグラフで表現】

グラフ1 売上高×直帰率(日別データ)

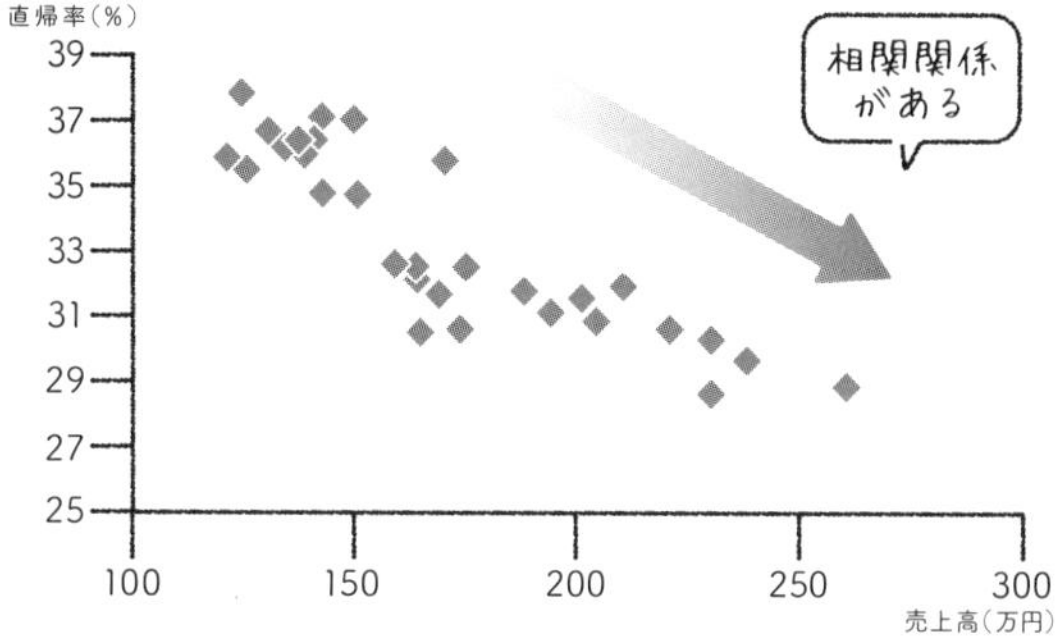

グラフ2 売上高×アクセス数(日別データ)

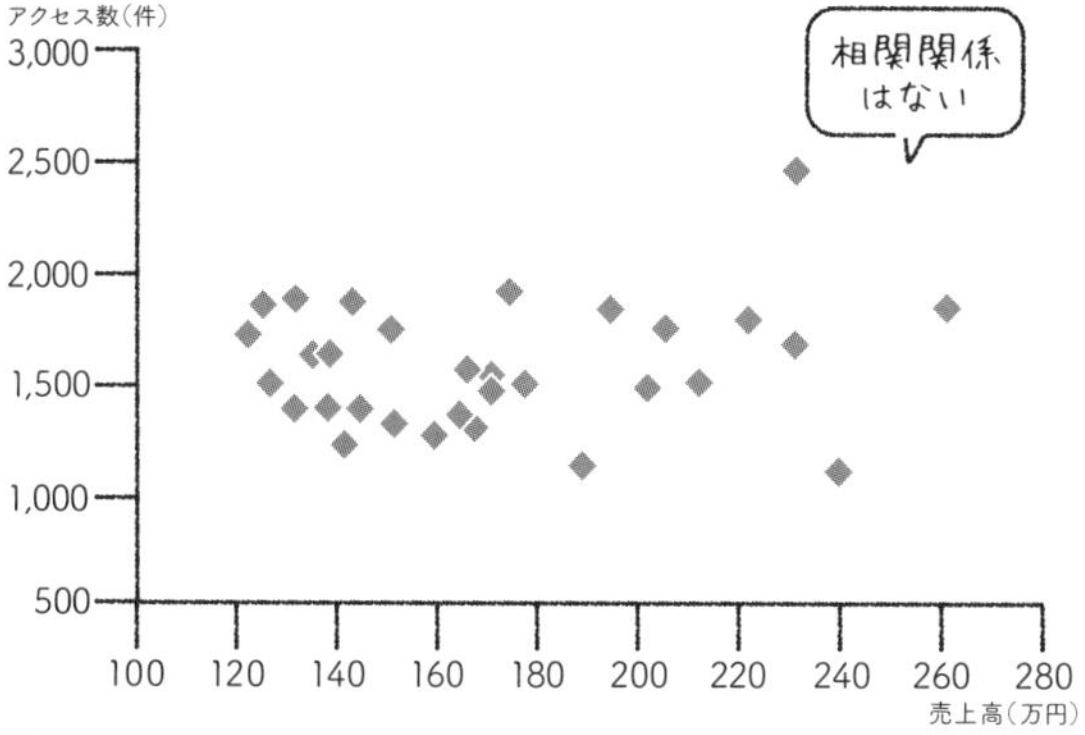

※エクセルでの作成法は巻末資料20～21ページ参照

日ごとに直帰率が変動する
←（なぜなら）
おそらく日ごとにトップページのメイン企画を更新しているから
←（したがって）
おそらくそのメイン企画の反応が直帰率に直結すると考えられる
←（したがって）
反応のよい企画・悪い企画の違いを分析する必要がある
←（なぜなら）
その企画の質が売上に直結する可能性が高いから

こうして改善すべきは「直帰率の減少」ではなく「メイン企画の質」であるという仮説をつくることができ、具体的に行うべきアクションを説明できます。

このように相関関係があるからといって必ず結果と原因の関係になっているとは限りません。そのあたりに注意した上で、散布図と補足説明を資料に入れておけば完璧です。

SECTION 4

複数のメッセージが一瞬で伝わるグラフをつくる

複数のグラフを組み合わせる

176ページで「1グラフに1メッセージ」が基本であることをお伝えしました。しかしそれはあくまで原則。実際は複数のグラフを組み合わせ、複数のメッセージを一瞬で伝えられるような資料も求められるものです。

ただし、それは決して難しいものではありません。ビジネスパーソンは棒グラフ・折れ線グラフ・円グラフ・散布図が使えれば十分であり、あとは「組み合わせること」を覚えれば完璧です。

棒グラフ×折れ線グラフ

まずは棒グラフと折れ線グラフを組み合わせてつくるグラフ。その中でも特に代表的なものが次ページのグラフです。これは「パレートグラフ」と呼ばれ、売れ筋とそうでない製品の状況とそれぞれの全体における割合（すなわちその製品にどれだけ依存しているか）を伝えることができるグラフです。

製品aから製品gの注文数が棒グラフで一目瞭然であること。そしてシェア累計を折れ線グラフにし、仮に製品fとgを見直したとしても全体のわずか8％程度であることが表現されています。

円グラフ×円グラフ

続いては円グラフ。たとえば先ほどのように全製品の注文数と、製品fとgでシェアはわずか8％であることを同時に伝えたい場合は、189ページ上図のようなドーナツ型をした二重の円グラフを活用することもできます。このようなドーナツ型の円グラフはちょうど中央がぽっかり空いた状態になります。ここには、グラフのタイトルや合計数といった情報を記載すると親切です。伝えているメッセージは先ほどのパレートグラフとほぼ同じですので、好みで使い分けるとよいでしょう。ただし、その好みとは自分の好みではなく、資料を読む人の好みであることを間違

【パレートグラフ】

〈製品a〜gの注文数とシェア累計〉

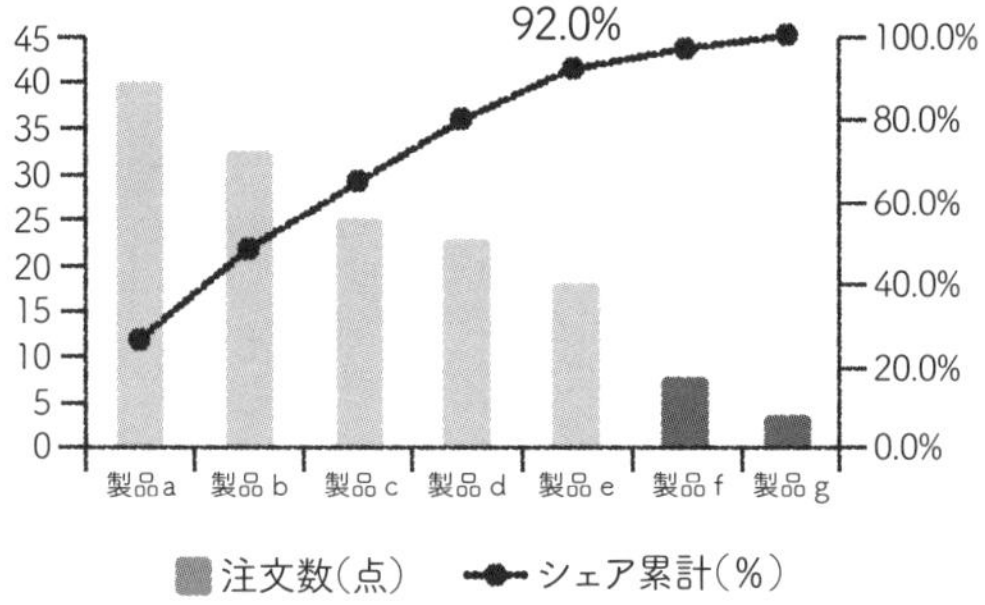

	製品a	製品b	製品c	製品d	製品e	製品f	製品g
注文数(点)	40	32	25	23	18	8	4
シェア累計(%)	26.7	48.0	64.7	80.0	92.0	97.3	100.0

メッセージ1 ➡ 棒グラフ

製品a〜eは好調ゆえ継続して売っていく

メッセージ2 ➡ 折れ線グラフ

製品fとgを見直しても影響は全体の8%に過ぎない

えないようにしてください。

円グラフ×棒グラフ

たとえば、グラフで伝えたいメッセージが「製品aからeは継続して販売し、見直すのは製品fとg。製品fとgの注文数は、合わせても全体のわずか8％である」であれば、次ページ下図のように円グラフと棒グラフを組み合わせて表現することもできます。これは「補助縦棒付き円グラフ」と呼ばれ、エクセルのグラフ機能に装備されています。メッセージを資料の中に簡潔に表記し、必要な箇所だけ数字を記載し、色を施すようにできます。

ここで紹介したような複数のグラフの組み合わせは、それだけで「資料映え」するものです。しかし決して自分のつくる資料をかっこよく見せるために使うものではありません。どうしても必要なとき以外は、あくまで「1グラフ1メッセージ」を原則とすることを忘れないでください。

なお、エクセルでの作成方法は巻末資料22～34ページを参照してください。

【二重ドーナツ型円グラフ】

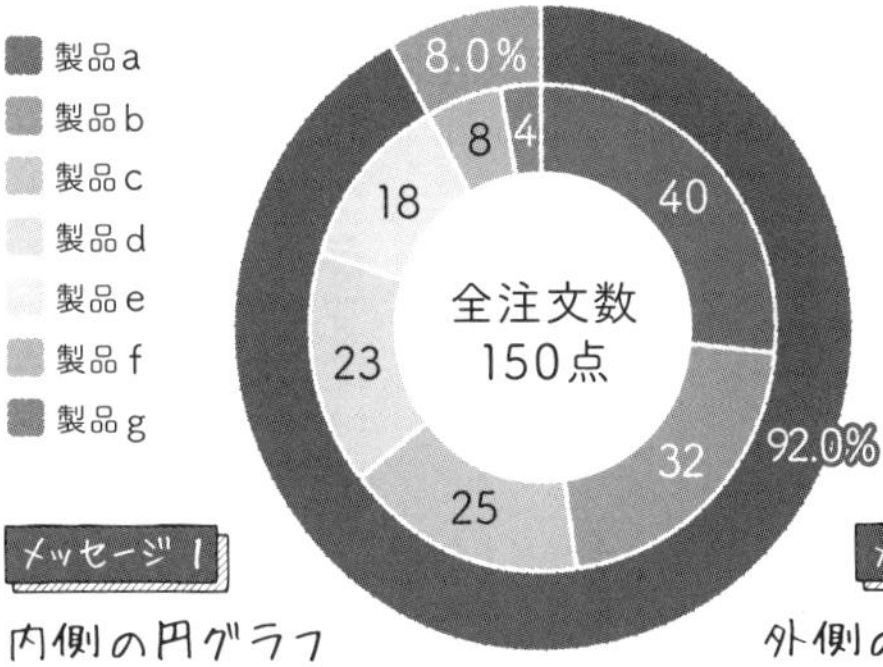

メッセージ1

内側の円グラフ

注文数10点未満の製品はfとg

メッセージ2

外側の円グラフ

製品fとgを見直しても影響は全体の8%に過ぎない

【補助縦棒付き円グラフ】

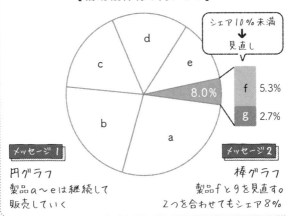

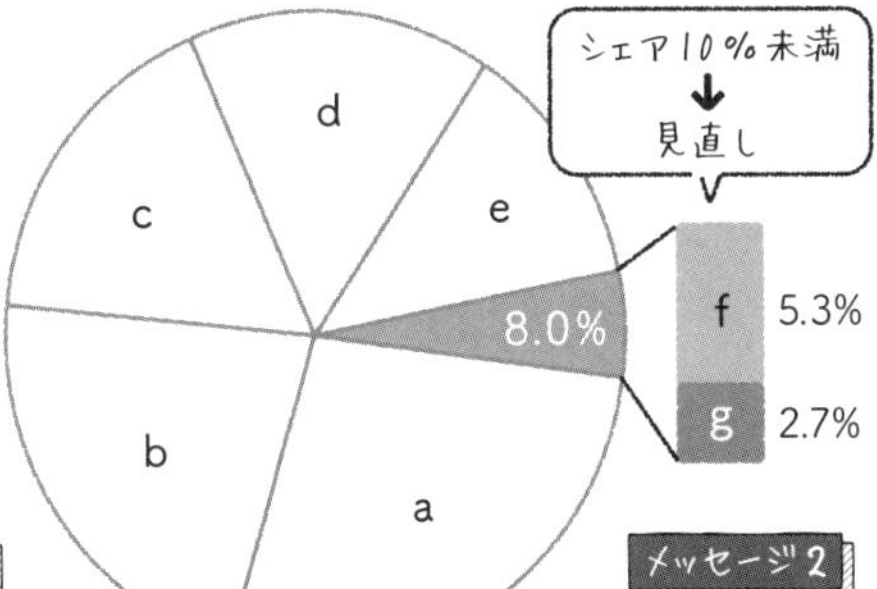

メッセージ1

円グラフ

製品a〜eは継続して販売していく

メッセージ2

棒グラフ

製品fとgを見直す。2つを合わせてもシェア8%

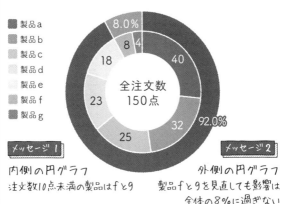

SECTION 5

1本の直線でメッセージを伝えるグラフの裏ワザ

折れ線グラフに〝ひと手間〟を加える

続いて折れ線グラフを使うときのちょっとした裏ワザを紹介しましょう。

たとえば次ページ図は、営業部に配属された新人のAさんとBさんの月別営業成績の表です。推移を表現したいならば、すでにお伝えしたように「折れ線グラフ」で伝えるとよいでしょう。そして、特に伝えたいメッセージが「Aさん↓今後も成長が期待できる。Bさん↓伸び悩んでいる」なのであれば、それがより伝わりやすくなるような「ひと手間」を加えたいところです。

傾向は1本の線で表現する

そこで、折れ線グラフに傾向を表す2つの矢印を表示させます（エクセルでの表

【AさんとBさんの月別営業成績】

	4月	5月	6月	7月	8月	9月	10月	11月	12月	1月	2月	3月
Aさん	60	80	90	70	120	100	140	130	160	230	250	290
Bさん	50	40	50	60	70	80	40	50	40	70	60	80

（単位：万円）

示方法については巻末資料35〜39ページ参照）。この矢印は**「近似曲線」**と呼ばれ、数学的手法によりデータの推移をざっくり表す線です。

193ページ上図のように、2つの大きな矢印（近似曲線）により**「今後も成長が期待できる」と「伸び悩んでいる」という2つのメッセージ**がパッと見ただけでわかるグラフになります。

折れ線グラフの細かい変動を伝えたいわけではない。あくまで「今後も成長が期待できる」と「伸び悩んでいる」が伝えたいメッセージである。でも、だからといって折れ線グラフを消してこの直線2本だけの説明ではあまりに雑で説得力に欠ける。そんなときにこそ、このテクニックを使ってください。

棒グラフでも活用できる

ちなみにこのような推移を棒グラフで表現する人もいます。

絶対的なルールはありませんから、折れ線グラフよりも棒グラフのほうが伝える相手の好みに合っているのであれば、それでもよいのです。もちろん同様の作業をすることで、次ページ下図のように推移を表現する直線を表示することができます。

ただし、あまりゴチャゴチャした印象にならないよう、色の選択や濃淡といった細かいところには気をつかいましょう。

たとえば次ページ上図では追加した矢印の濃さを薄く調整していますが、下図に関しては棒グラフのほうの色を薄く調整し、矢印のほうははっきりとした色づかいにすることでメッセージを明確にしています。

このあたりの調整方法に明確なルールはありません。お化粧に喩えるなら、できるだけナチュラルメイクを意識して調整するということです。

今日から誰でもできる「ひと手間」です。

【折れ線グラフ × データの推移を表す矢印】

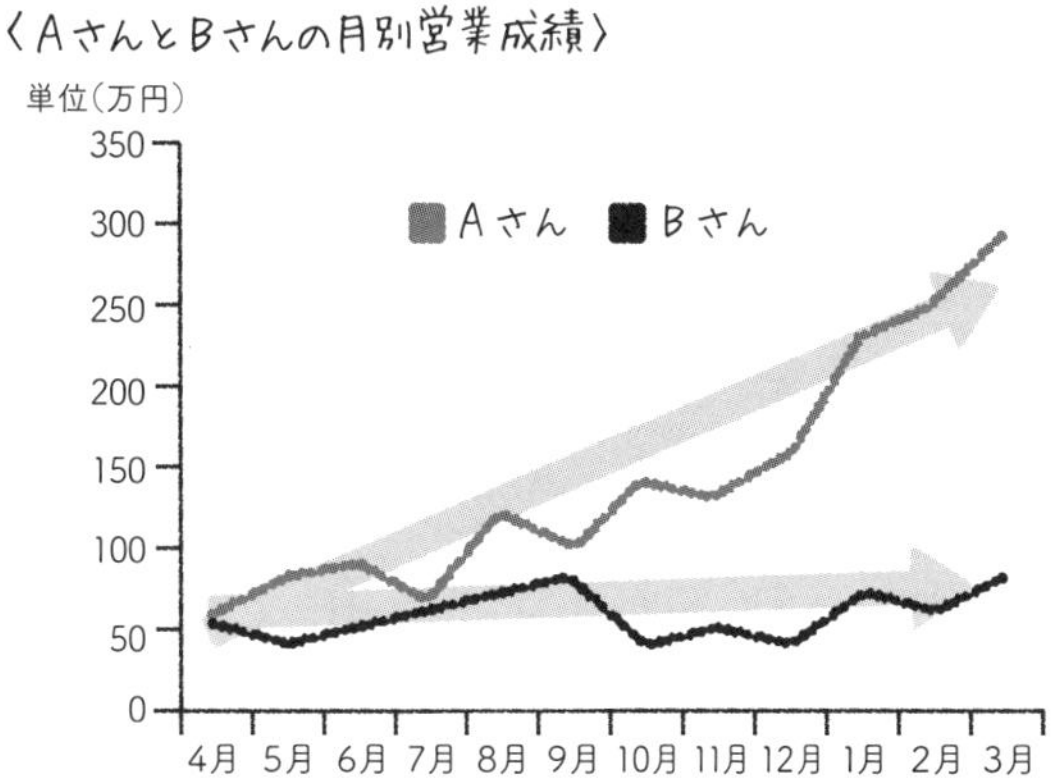

【棒グラフ × データの推移を表す矢印】

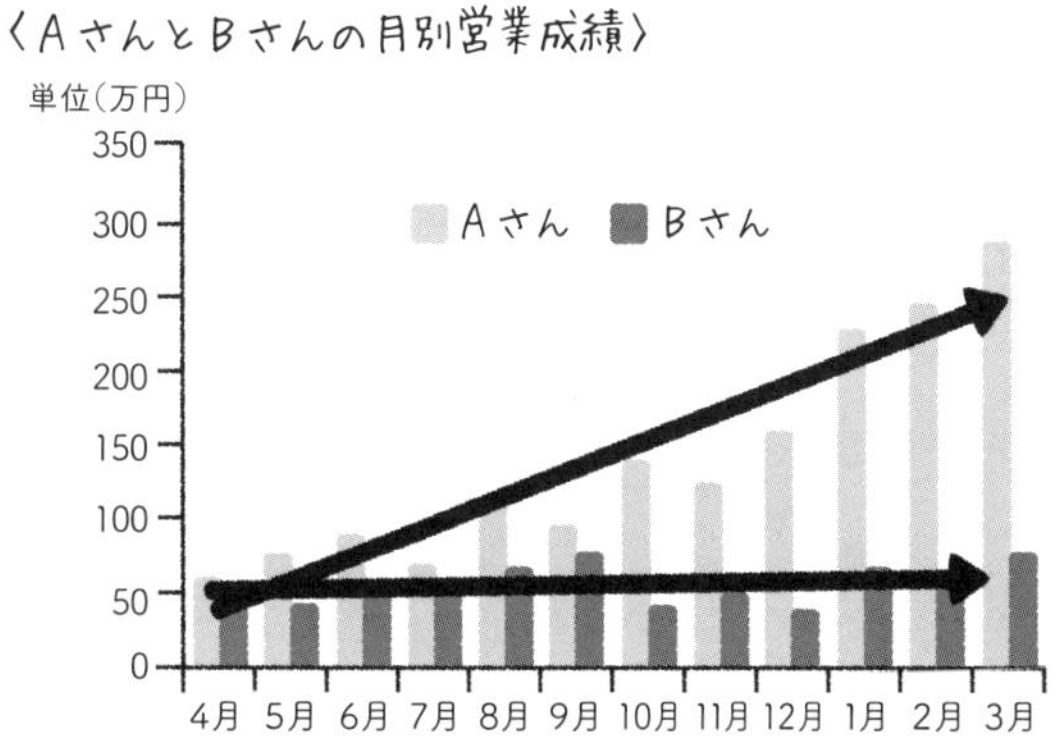

SECTION 6

ウォーターフォールチャートで「出」と「入」を一瞬で伝える

棒グラフを使った裏ワザ

棒グラフを使うとき、グラフの棒を消したことがありますか？

「棒を消す」とはどういうことか。本章でご紹介する最後の裏ワザです。

たとえば、ある会員ビジネスのマーケティング担当者が、入会と退会の状況を一目瞭然にしたいときを考えます。次ページ表のデータはある会員ビジネスの年初会員数（50万人）と年末会員数（46万人）、さらにその4万人減の内訳を男女別の入会数・退会数で表現したものです。

このようなデータは「ウォーターフォールチャート」と呼ばれるグラフで表現するとよいでしょう。4万人減の大きな要因が女性会員の退会であることが一目瞭然

【もととなるデータ】

〈会員数変動の内訳〉

年初会員数	入会（男性）	入会（女性）	退会（男性）	退会（女性）	年末会員数
50	11	3	5	13	46

単位：万人

になります。

チャートのつくり方

この表を棒グラフにし、グラフの棒の一部を消すウォーターフォールチャートのつくり方を見てみましょう。

まず、もととなる上表のデータを〝見せるデータ〟とし、エクセルでもう1行〝消すデータ〟を作成します。「見せるデータ」は、入会数・退会数の内訳で、「消すデータ」は1列目と6列目は「0」とし、あとは入会をプラス、退会をマイナスで加減していった値です（197ページ上表）。

あとはこのデータを「積み上げ式縦

棒グラフ」でグラフ化し、〝消すデータ〟の箇所を塗りつぶし、線、影をすべて消去することで〝見せるデータ〟だけがグラフとして残り、次ページ下図のようなグラフになります。

ウォーターフォールチャートはこんなときに使う

このほかにも、収入と費用の種別と金額と最終的な収益（損失）をまとめて表現する際などにもこのグラフは使えます。あるいは通販ビジネスなどでは出荷数・返品数などを商品分類別にグラフ化することで状況が一目瞭然になるでしょう。

シンプルにいえば、**「複数のプラスと複数のマイナスがあり、結局最後はこうなりました」**といったメッセージを表現する際に威力を発揮します。

ビジネスにおいては金額や人数などに必ず「出」と「入」が存在します。ビジネスパーソンならウォーターフォールチャートを使う場面はきっとあるでしょう。

余談ですが、このグラフは高いところから低いところへ連なる様相が滝に似ていることから命名され、コンサルティング会社のマッキンゼー・アンド・カンパニーにより顧客向けプレゼンテーション手法として普及したといわれています。

【ウォーターフォールチャートで表現する】

〈グラフ作成に必要な2つのデータ〉

	年初会員数	入会（男性）	入会（女性）	退会（男性）	退会（女性）	年末会員数
消すデータ	0	50 (=0+50)	61 (=50+11)	59 (=61+3−5)	46 (=59−13)	0
見せるデータ	50	11	3	5	13	46

（単位：万人）

〈ウォーターフォールチャート〉

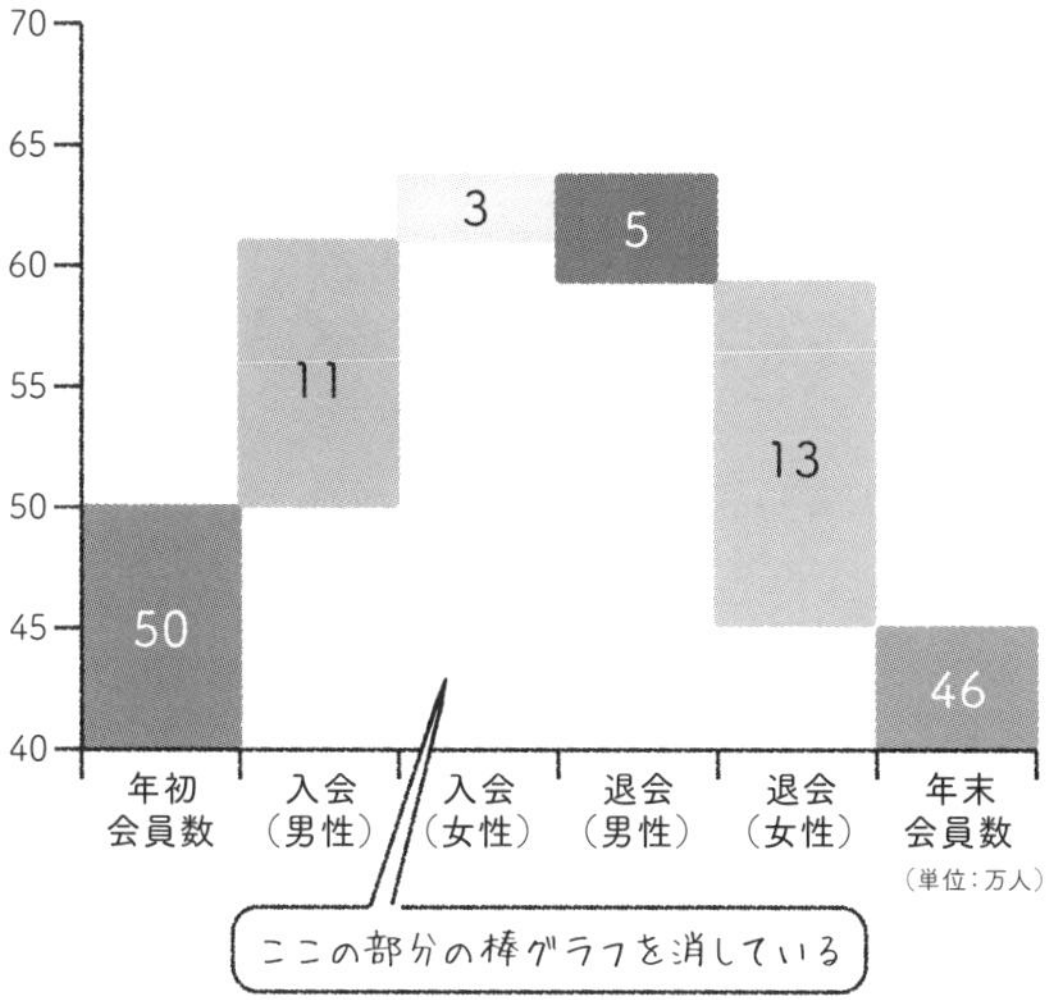

Column 5

身近なビジネス資料のお手本

「グラフの使い方について迷ったとき、参考にするとよいものはありませんか？」

入社１年目をはじめ、若手ビジネスパーソンからそんな主旨の質問をされることがあります。そのときにおすすめするのが、「日経新聞の記事」です。

日経新聞は、限られたスペースの中にできるだけたくさん、かつビジネスパーソンにとって大切な情報を強調して効率よく伝えなければなりません。

しかも、忙しいビジネスパーソンが読むものですから、グラフのメッセージが明確でなければなりません。これはまさにビジネスで使う資料と同じではないでしょうか。

どういう情報をどんなグラフで表現しているのか。今日からそういう視点で日経新聞をチェックしてみてはいかがでしょうか。

第6章

「伝わらない」がゼロになる！数字を使ったプレゼンテーションの技術

プレゼンテーションって難しい

営業部門の新人は明日、お客様の前ではじめて新製品のプレゼンを行います。その前夜、同行する先輩を相手にロールプレイングを始めます。

新人「お忙しいところすみません。よろしくお願いします」
先輩「いいよ。じゃあ、さっそく俺をお客様だと思ってやってみて」
新人「では、始めます！」

ところが、3分も経つと先輩はいったんロールプレイングをストップさせます。

先輩「ちょっと待って。この資料に書かれてるデータを全部お客様に細かく説明するつもり？」
新人「はい。細かいことまですべて正確に説明したほうがいいかと」
先輩「それをやっていったら、このプレゼンテーションはどのくらい時間がかかると思う？」
新人「それは……1時間くらいになってしまうかもしれません」
先輩「明日の商談にもらえる時間は？」
新人「1時間です」
先輩「最初のご挨拶や雑談、終わったあとの質疑応答の時間も必要だぞ」
新人「……たしかにそうですね」
先輩「ちなみに、ここまでの3分間でのお客様へのメッセージは何だったの？」
新人「……？」
先輩「要するに、この3分間でお客様に伝えたかったことは何か、ってこと」
新人「資料の内容をその通りにきちんと説明することばかり考えていて……」
先輩「もしかして、内容をきちんと説明することと、相手を納得させることを混同していないか？」
新人「……？？」
先輩「そういう発想になっちゃうと、プレゼンってうまくいかないんだよ」

SECTION 1

プレゼンテーションは「3―1―3」で準備する

すべての仕事は「プレゼンテーション」に向かっている

最終章となるこの第6章のテーマは、プレゼンテーション（以下、プレゼンといいます）。なぜこのテーマが最後かというと、普段の仕事もおそらく最後はプレゼンで終わっているからです。

入社1年目のビジネスパーソンであっても、上司にOKをもらうために説得を試みる機会はきっとあるでしょう。たとえば、忘年会で乾杯の挨拶を引き受けてもらいたいとき。これも立派なプレゼンです。

数字や論理といった言葉を使うこと。「報告・連絡・相談」の質を高めること。資料のデータを読むこと。逆に資料を作成すること。本書でここまで紹介してきたこれらのことは、すべて最終的に上司やお客様にプレゼンして「なるほど」や「O

K」をもらうことにつながっているはずです。そんなプレゼンという重要な仕事も、数字を使うことで劇的に質が高まります。

そもそもプレゼンって何？

プレゼンの方法を説明する前に、プレゼンとは何かを1行で定義しておきましょう。あくまで本書における定義だと思ってください。

「自分の主張を相手に伝え、短時間で納得してもらう行為」

この定義の中に重要なワードが3つあります。「主張」「短時間」「納得」の3つです。

まず、主張のないプレゼンなどありません。何かしらの事実を述べているだけなら、それは単なる説明に過ぎません。さらにプレゼンの相手はおそらく多忙です。いかに短時間で終えるかも重要なポイントでしょう。そしてゴールはあくまで相手に納得してもらうこと。繰り返しになりますが、単に説明しただけではプレゼンとはいえません。

以上の定義を踏まえ、プレゼンの準備をする際に使ってもらいたい公式を紹介します。

「3―1―3」でプレゼンを組み立てる

私も仕事柄、プレゼンをする機会はとても多いです。そんな私が準備段階で必ずすることが、「3―1―3」でプレゼンを設計するということです。

3：3分間で終わる（短時間であること）
1：伝えたい主張は1つに絞る（主張が明確であること）
3：そのための根拠は3つまで（相手が納得できること）

先ほどのプレゼンの定義とリンクしていることに気づきましたか？ この「3―1―3」が新人から経営者まで、すべてのビジネスパーソンがおさえておくべきプレゼンの基本です。
たとえば、あなたが自分の業務に活かすために1日かけて外部セミナーに参加したいとします。上司に了承を得る行為もまさにプレゼンです。

3：「部長、いま3分ほどお時間をいただけますでしょうか」
1：「実は外部セミナーに終日参加したいのです」
3：「いまの私に不足している知識がインプットできます。それを活用することで私のつくる会議資料をもっとブラッシュアップさせます。そのセミナーが開催される日は業務的に余裕があるので、みなさんにご迷惑はおかけしません」

特に入社して間もない頃は、数人の前でスライドを活用して行うプレゼンより、このような上司を相手にした「ちょっとしたプレゼン」の機会が圧倒的に多いでしょう。だからこそ、まずはこの「3－1－3」を公式としてしっかり準備し、3分間で終えるプレゼンにチャレンジしてみてください。

「6−2−6」ではなく、「3−1−3」×2

ちなみに、伝えたいことが2つあるとき。主張が2つだからといって「6−2−6」として設計してしまうと、いったい何がいいたいのかわからないプレゼンになる可能性が高くなります。

そうではなく、「3−1−3」を2個つくるという考え方でプレゼンを準備してください。あくまで「3分間−1つの主張−3つの根拠」を1つの塊として考えるのです。

たとえば、本書も200ページ以上の内容を章に分けており、それを1つの塊として考えています。さらに細かい項目に分けてつなげていくことで読者が読みやすくなり、私の主張も伝わりやすくなります。

また、プレゼンをそのような細かい項目がつながって1つの塊をつくっているものと認識しておけば、仮に上司からの想定外のコメントなどでプレゼンが脱線してしまった際にも、またその項目まで戻り、改めて「3−1−3」の説明を始めればいいのです。

【2つのことを伝えたいとき】

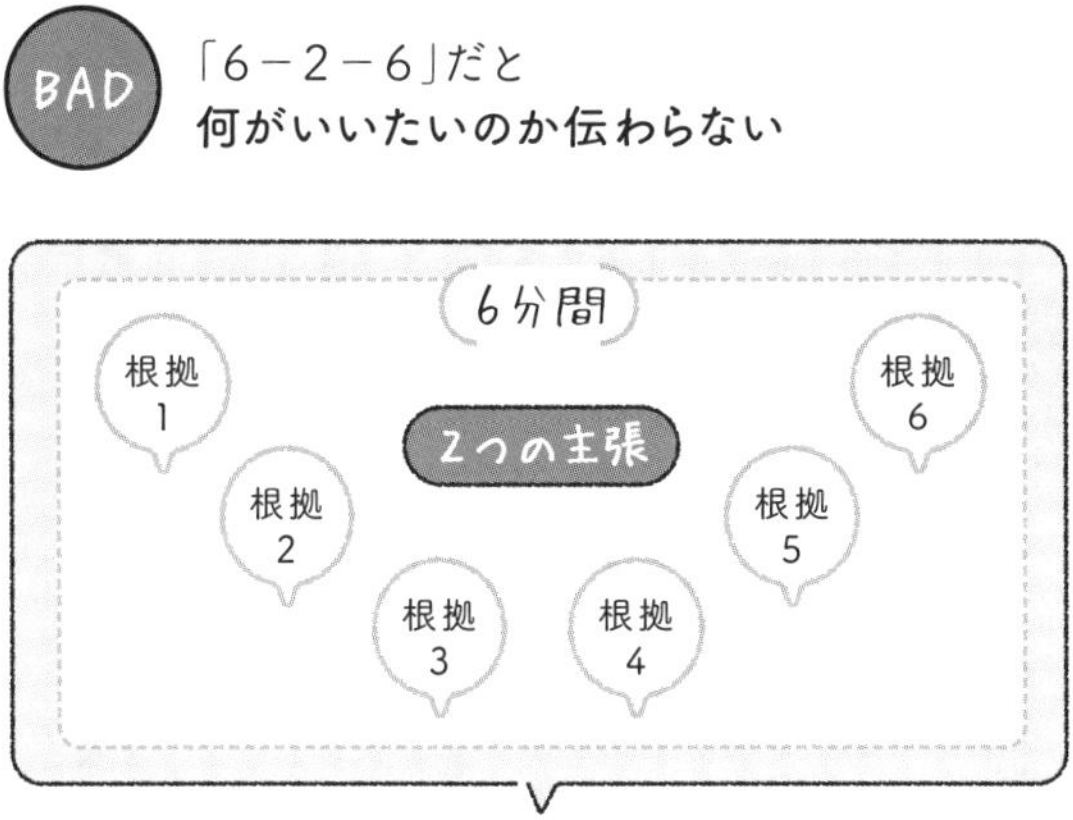

「6－2－6」だと
何がいいたいのか伝わらない

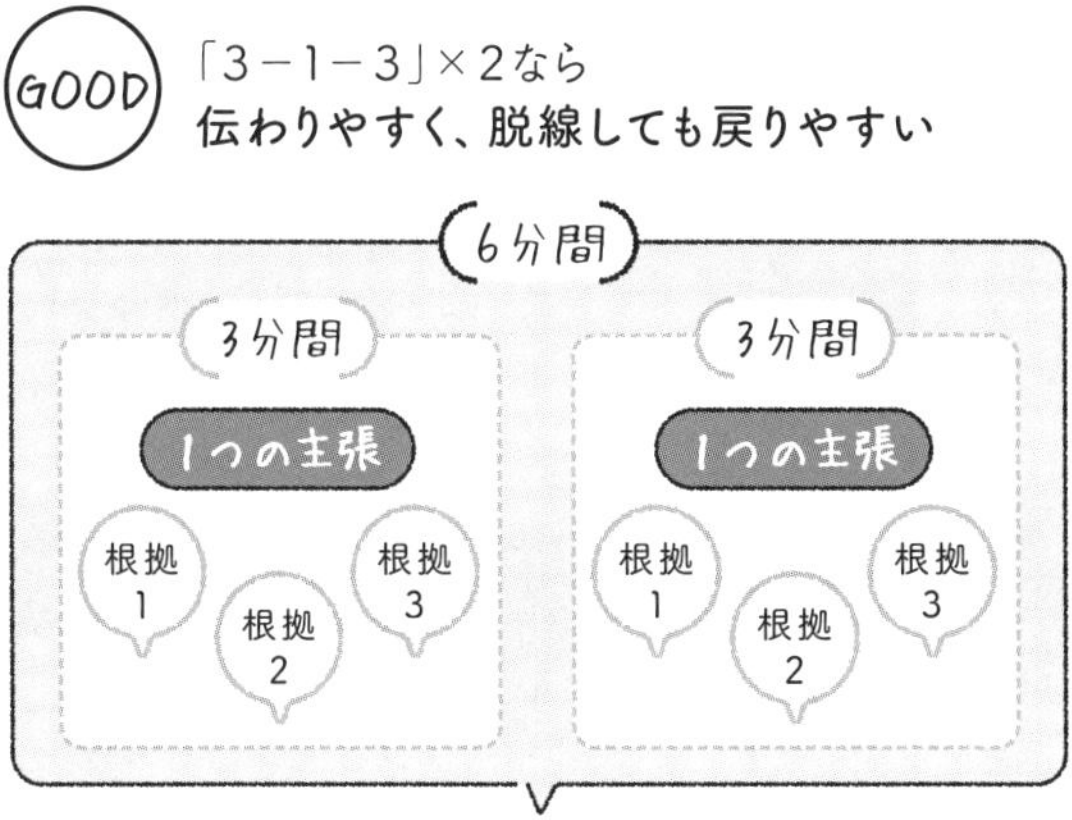

「3－1－3」×2なら
伝わりやすく、脱線しても戻りやすい

SECTION 2

インパクトではなくモノサシを重視する

「インパクトある数字」の落とし穴

企業研修を担当するとき、私は参加者に「数字を使ったプレゼンの設計をしてみてください」といったワークをよくお願いします。そんなワークに取り組んでいる参加者の口から、「この数字だと、インパクトに欠けるなぁ……」というようなフレーズが出てくることが頻繁にあります。

相手を納得させるために、あるいは「おお、それはすごい！」と思ってもらうために、使う数字にインパクトを求める。その気持ちはよくわかります。しかし、これはとても危険な考え方です。

私が企業に勤めていた20代の頃の失敗談をご紹介します。ある新規サービスをリリースし、それをお客様に売り込むためのプレゼンで実際にあった会話です。

深沢「今月中にお申込みいただければ、特別に30％オフです！」
お客様「なるほど」
深沢「30％オフです！　御社にとってもメリットがあると思います！」
お客様「あの、すみません」
深沢「はい、何でしょうか⁉」
お客様「で、おいくらなのですか？」

思わず苦笑いしてしまうような低レベルの失敗談ですが、このときの私に欠けていたことはいったい何か。それは、**相手が知りたい数字ではなく、自分が伝えたい数字でプレゼンしていた**ということです。お客様が知りたいのは「どれだけ割引してくれるか」ではなく「いくらで買えるのか」です。

そんな基本的なことを忘れて、数字でいかにインパクトを出そうかという視点しかなかったのです。

再び「モノサシ」の話

数字というものは使い方によっては強烈なインパクトを表現できます。たとえば「実質0円です！」「最大50％オフ！」「利用者数が5千万人を突破！」など。

しかし、その数字が相手の知りたいことでなければまったく意味がありません。

プレゼンとは相手が納得することがゴールだからです。

このようなときに必要なのは第1章でお伝えした「相手のモノサシは何か」という視点です。相手がピンとくる、相手が好む、相手が伝えてほしい、そんな数字を選んでプレゼンしましょう。代表的な例を2つほど挙げます。

◎1年間にがんと診断された人の数が99万9075人！

↓約31・6秒に1人、新たにがんと判明。

※約100万人という大きな数字は、インパクトがあるように思えますが、医療関係者でない人にとっては、ピンとこない数字です。誰もがわかるモノサシで伝えたほうがよいでしょう。

◎7月の新規会員登録数は前月比120％と大きく伸びました！

↓会員登録数は6月までで累計2万人、7月はプラス500人です。

※相手が前月比だけを知りたいのなら問題ありません。しかし、相手のモノサシが「累計」や「単月の実数」であるならば伝え方は変えないといけません。それがたとえインパクトのない小さな数字だとしても、です。

プレゼンの主役は自分ではない

たとえアナウンサーのように滑らかに話せたとしても、たとえお笑い芸人のような巧みな話術があったとしても、先ほど説明したことが抜けてしまうとプレゼンは必ず失敗します。インパクトを重視して、自分の伝えたいことをすごいと思わせたいと考えてプレゼンするのか、モノサシを重視して、相手が伝えてほしいことを相手が好む表現でプレゼンするのか。

もちろん、正解は「モノサシ重視」です。

プレゼンは、短い時間で相手に納得してもらうために行うものです。ゴールが相手の納得である以上、主役は自分ではなく相手です。よってそこで使う数字は相手が一瞬で理解できて、かつ相手が知りたい数字でないといけません。

脇役は主役のために存在するということを忘れ、かつての私のような失敗をしないようにしましょう。

SECTION 3

「見せる資料」と「備える資料」に分ける

ビジネスには2種類の資料がある

プレゼンには資料がつきものです。ビジネスで使う資料には大きく分けて2種類あることをご存知でしょうか？　具体的には「見せる資料」と「備える資料」です。

この2つを使い分けることで、プレゼンのときに上司から余計なツッコミや「わかりにくい」といったネガティブなフィードバックをもらう可能性が激減します。

具体的には、次の2つを実践してください。

【見せる資料】自分の主張に必要な数字だけを資料に入れる
【備える資料】ツッコミ対策として、参照データなどを手元に持っておくプレゼンは「3－1－3」が理想ですから、配付資料に記載する情報量はできるだけ少ないのが理想です。しかし、実際のビジネスシーンでは上司がどんなツッコミをしてくるかわからないもの。ですからそのための備えとして、参照データなどは手元に持っておき、答えられる状態にしておきます。

情報量と成功率は反比例する

正直に告白すれば、私が若手ビジネスパーソンだった頃は、とにかく必要そうなデータをすべて「見せる資料」に盛り込んでいました。ところが実際はこんなことが起こってしまいました。

◎「この資料、見づらい」「要するに何がいいたいんだ?」「いま資料のどこを説明しているの?」といった上司からの指摘。

↓上司からの指摘を恐れるあまり、関連しそうなデータをすべて資料に盛り込んでしまいました。皮肉なことに、逆にネガティブな指摘ばかりされる結果に。完全に裏目に出ました。

◎「ふ〜ん。ここのデータ、面白いね。これはどう分析しているの?」

↓私の担当する部門の業績が好調であることをプレゼンしようと考え、ほかの部門と比較するためのデータとグラフを用意。ところが、まったく関係ない部門の異常値（本書では「異物」と表現）に上司が気づき、私のプレゼンよりもそちらのほうに関心が向いてしまいました。まったく関係ない部門なのであれば資料に入れる必要はなかったかもしれませんし、上司が異常値を見たときの反応を想像できなかったのもよくなかったと思います。数字に強い上司ほど、異常値を見つけるとすぐに反応し、分析したがるのだなと学んだ瞬間でした。

◎「この参考資料のここのデータ、間違っていないか? そもそもこの資料の内容、正しいの?」

↓私は4月〜9月が好調であること、そしてその成長率を主に伝えたかったのですが、ある先輩は別紙の参考資料にある昨年10月〜今年3月のデータ内にあるほんのわずかな実績値の表記ミスを指摘してきたのです。たしかにミスはミスであり、指摘は正しいものです。しかし、そのミスは私の主張そのものに影響するものではありません。また、この指摘がプレゼンの場の空気を一気に悪くさせてしまったことも鮮明に覚えています。いま思えば、この参考資料は配付しなくてもよかったかもしれません。

要するに「必要そうなデータ」を見せる資料にすべて盛り込んでいいことは1つもなかったのです。**見せる資料の情報量とプレゼンの成功率は、反比例する**と覚えておきましょう。

適切な「見せる資料」のイメージとしては携帯電話や生命保険の広告でしょうか。広告こそまさにプレゼンといえますが、細かい料金体系や規約まで消費者にいちいち見せたりはしないでしょう。もっとも伝えたい内容と根拠だけに絞って広告はつくられています。そして、その広告で補えない情報を知りたい消費者が、ホームページなどにアクセスして細かい情報を確認しようとします。

つまり、見せる資料は口頭で説明しなくても主張したいことが見ただけでわかるかどうかを基準にするとよいでしょう。一方、備える資料はそのプレゼンを聞いた相手からの質問を想定して用意します。プレゼンの成功はどれだけ本番を想像して準備するかにかかっているのです。

「読ませる」と「魅せる」

「見せる資料」はさらに2つに分けることができます。紙の資料として「配付するもの」と、パワーポイントのスライドなど「投影するもの」です。

よくビジネスパーソンの中に、配付資料とまったく同じものを投影資料としてスライドに映している方がいますが、原則はNGです。配付しているわけですから、わざわざ投影する意味がありません。**配付資料は「読ませるもの」。投影資料は「魅せるもの」。**そんな認識で使い分けてください（218ページ図）。

ですから投影資料は「魅せるもの」という発想のもと、メッセージが伝わるようにフォントを大きくしたり色をつけたり、少しだけメイクアップしてください。読ませる資料はその根拠がしっかり伝わる情報だけをシンプルに盛り込みます。

備える資料は自分の手元に持っておくだけですので見栄えをよくする必要はありません。

【用意すべきプレゼン資料の例①】

見せる資料

◎魅せる資料

「Aさん、10日目で
作業時間を60%短縮」
をメッセージとする

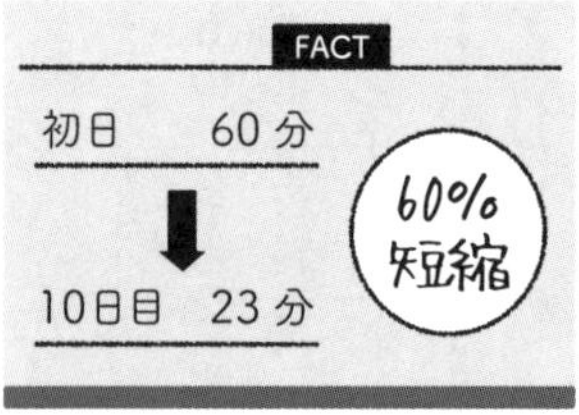

◎読ませる資料

Aさんのデータが一目
でわかる状態にする

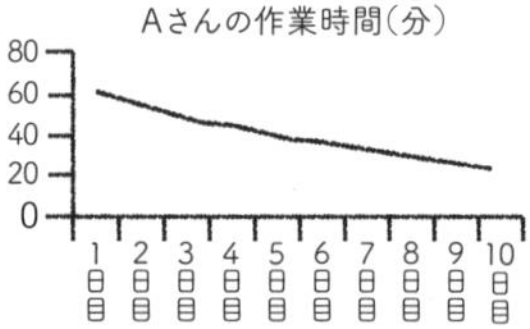

作業時間(分)	1日目	2日目	3日目	4日目	5日目	6日目	7日目	8日目	9日目	10日目
Aさん	60	54	49	44	39	35	32	29	26	23

備える資料

ほかのメンバーの状況なども念のため手元には用意しておく

作業時間(分)	1日目	2日目	3日目	4日目	5日目	6日目	7日目	8日目	9日目	10日目
Aさん	60	54	49	44	39	35	32	29	26	23
Bさん	88	86	89	73	77	73	69	72	65	64
Cさん	73	72	74	74	72	63	69	66	42	47

【用意すべきプレゼン資料の例②】

見せる資料

◎魅せる資料

「製品Aが2022年度から2023年度で3.3倍に増加」をメッセージとする

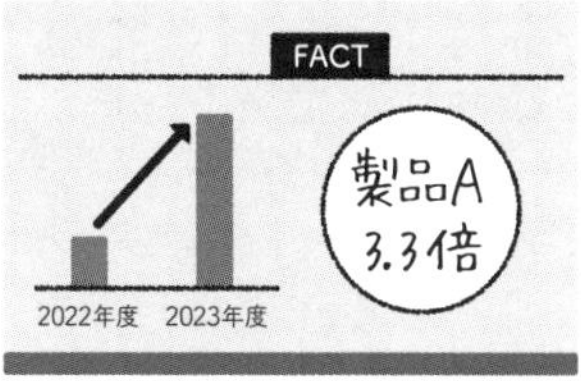

◎読ませる資料

4製品の2017年度からの状況を一目でわかる状態にする

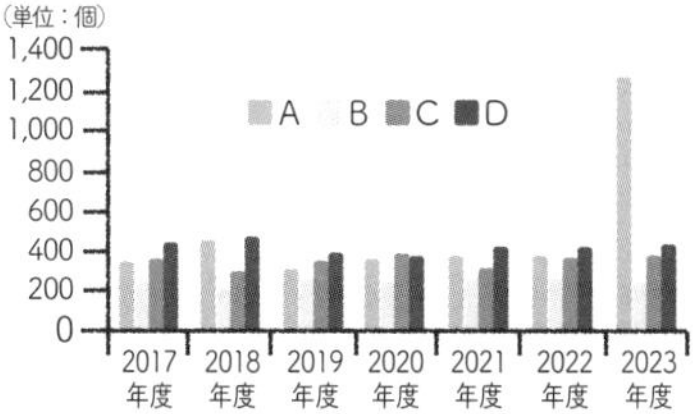

製品＼年度	2017	2018	2019	2020	2021	2022	2023
A	350	467	328	378	390	390	1,287
B	254	220	269	260	254	271	250
C	370	320	360	407	320	389	404
D	451	490	386	491	430	426	455

（単位：個）

備える資料

前年比や過去の累計などのデータも念のため手元には用意しておく

製品＼年度	2017	2018	2019	2020	2021	2022	2023	計
A個数	350	467	328	378	390	390	1,287	3,590
A前年比		133%	70%	115%	103%	100%	330%	
B個数	254	220	269	260	254	271	250	1,778
B前年比		87%	122%	97%	98%	107%	92%	

219ページ図の3種類も同じような考え方でつくられているプレゼン資料です。**魅せる資料でグラフを使うときは左半分にグラフ、右半分に伝えたい数字を配置するのがコツ**です。イメージしやすいグラフと、メッセージを簡潔に伝えられる数字。この2つの要素を組み合わせてつくったスライドが最強です。ぜひチャレンジしてみてください。

誰のため？　どう使う？　役割は？

ビジネスで使う資料にはそれぞれの役割があります。それをしっかり理解し、正しく使い分けてください。「面倒だから1つの資料を使い回そう」なんて考えると、伝えたいことが伝わらず、かえって手間がかかる場合も多いのです。

さらにプレゼンの最初には、「もし資料に記載されていない詳細データが必要であれば、のちほどメールでお送りします。ご質問いただければ、いま口頭で説明することも可能です」といった趣旨の説明をしておきましょう。

そうすることで、自分のそのプレゼンに対するスタンスが相手にも共有でき、理想的な状態でプレゼンを始めることができます。

【プレゼン資料の役割】

	誰のため？	どう使う？	役割は？
魅せる資料	相手	投影する	魅せる
読ませる資料	相手	紙で配付する	読ませる
備える資料	自分	手元に持っておく	質問に対応する

資料には、それぞれ役割がある。1種類の資料を使い回すのはNG！

上司というものは指摘をすることが仕事です。少し意地悪な見方をすれば、部下のプレゼンに対してどう指摘しようか、どう上司らしいコメントをしようかを考えているのです。そして、どんな指摘をするかは見せられた資料の中身と伝え方で決まります。

正しい指摘はウェルカムですが、本質的でない困った指摘は回避できるようなプレゼンを目指しましょう。 そして、本質的な指摘しかできないプレゼンに対して上司はきっと「この新人は、なかなか筋がいい」と評価することでしょう。

SECTION 4

「数字」だけはゆっくり話すようにする

わかりやすい数字の伝え方

資料の次は、口頭での伝え方にフォーカスします。プレゼンで数字を伝える際にもわかりやすい言い回しというものがあります。具体的には次ページ図の3つの公式を使うとよいでしょう。

数字は実数と割合の2種類があり、かつ比較することで威力を発揮する言葉です。したがって、ビジネスパーソンは〈公式1〉や〈公式2〉の伝え方を頻繁に使うことになります。必ずこの言い回しを使えるようになってください。

また、〈公式3〉は第1章で登場したスティーブ・ジョブズ氏のフレーズがそのまま当てはまります。本書で再三お伝えしている「相手のモノサシに変換する」と

【口頭で伝わりやすい数字の言い回し】

公式1 （実数A）に対して（実数B）。これは（割合）にあたる

例　前年度400万円に対して今年度は480万円。これは20%増にあたります。

公式2 （割合A）に対して（割合B）。これは（実数）にあたる

例　不良品発生率0.5%が0.4%に改善。これは年間で100個減にあたります。

公式3 （実数A）です。これは（実数B）と同じこと

例　年間1,000万円のコスト削減。これは従業員2名分の人件費と同じこと。

いう行為は、まさにこのフォーマットそのものです。

緊張することを前提にして話す

もう1つ、わかりやすい言い回しのポイントがあります。**早口にならないこと**です。とてもシンプルなことですが、早口は数字を口頭で伝える際には大敵です。一般的に人は緊張すると、「早く終わりたい」「うまくやりたい」という気持ちが強くなり、つい早口になってしまいがちです。

しかし、ビジネスにおけるプレゼンで「早口」が奏効することはほぼあり

ません。聞き取りやすく、わかりやすいほうがいいに決まっています。一方で、スローモーションのようにゆっくり話せばいいというものでもないでしょう。

ではどうすればよいか。実はちょうどいい具合の話し方が身に付くコツが2つあります。数字を使って話し方のペースをコントロールするのです。

①数字だけはゆっくり話すようにする
②10秒に1回、「1秒の間」をとって話す

◷「重要なこと」を暗に強調する伝え方

緊張すると早口になってしまいがちな人ほど、まずは①を強く意識することをおすすめします。これだけでも伝え方に緩急がついて、とても聞きやすい内容になります。

たとえば政治家などの演説。興奮して多少は早口なスピーチになることもあるかもしれません。しかし、経済指標や支持率といった重要な数字を伝える際は、正確かつじっくりと話しているはずです。

あるいはニュースなどで日経平均株価などを読み上げるアナウンサーをイメージしてみるのもよいでしょう。ゆっくり丁寧に数字を読み上げているはずです。

また、ビジネスにおいて数字という言葉が伝える情報は極めて重要です。重要なことこそきちんと相手の耳に入れなければなりませんし、その相手にしっかり届けないといけない言葉のはずです。

ゆっくり話すことで、「いま私は重要なことを伝えていますよ」というニュアンスも伝えることができ、一石二鳥です。ぜひ実践してみてください。

「2行」=「10秒」

②もぜひ身に付けておきたいスキルです。この「10秒に1回」が感覚的につかめるようになればベストですが、そうなるまでに意識していただくとよいのは、「書籍の2行」というイメージです。

たとえばごく普通の話し方で10秒とはどれくらいか。次の文章がだいたい10秒ほどで話せる長さの文章です。

「はじめまして。ビジネス数学の専門家、深沢真太郎です。数字が苦手な人をゼロにすることを使命として活動しています。よろしくお願いいたします」

この2行くらいまでならば、誰でもひとまとまりとして聞ける気がしませんか。しかし、これ以上長い文章だと相手はしんどくなってくるかもしれません。

つまり、このような書籍の2行で表現できるくらいの長さごとに「1秒の間」をとることを感覚として持って話をしてみてください。

イメージとして①がブレーキ、②が一旦停止です。ここで紹介したテクニックさえ使っていれば、「早口でわかりにくい」「何をいっているかわからない」といったツッコミはされずに済むはずです。

せっかく「3－1－3」で準備したプレゼンが台無しにならないよう、伝え方についてもほんの少しだけ気をつかいましょう。

SECTION 5

資料に入れる「表」にナチュラルメイクを施す

「表」をそのまま資料に貼り付けていないか？

「文章」「グラフ」「表」。ビジネスパーソンが仕事でつくる資料はたいていこの3つの要素で成り立っているはずです。

このうち、文章はアレンジしようがありません。まさかビジネス文書に絵文字を使うわけにもいきませんから。ということはアレンジできるのは「グラフ」と「表」になります。資料の印象を決めるのはこの2つのアレンジの仕方にかかっているということです。

そこで、「表」についてのポイントを解説します。

資料に使う「グラフ」は見栄えをよくしようとするのに、「表」にはそれをしよ

うとしないビジネスパーソンがとても多いからです。

デキる人とそうでない人のつくる資料の差は、もしかしたらそんな小さなところにあるのかもしれません。

ぜひ明日から資料に入れる「表」も変えてみてください。読み手となる上司の反応もきっと変わるはずです。

ほんの少しだけメイクアップ

たとえば次ページの〈表1〉のようなデータがあったとします。6名の新人営業パーソンが4月から9月までの各月に何件のアポイントに同行したかを記録したものです。上司からこのデータを会議資料に入れるよう指示をされたとします。

もしこの「表」を資料として活用するのであれば、このままの状態ではなく少しだけエクセルの機能でアレンジをしてみてください。私が「表のメイクアップ」と呼んでいるアレンジ方法をご紹介します。

具体的には231ページ図の「条件付き書式〈表2〉」と「スパークライン〈表

【「表」はどうアレンジする?】

表1 1か月間に同行したアポイントの件数

	4月	5月	6月	7月	8月	9月
Aさん	25	27	30	39	41	52
Bさん	30	31	26	28	39	32
Cさん	16	20	26	19	20	26
Dさん	28	30	31	36	32	28
Eさん	32	30	26	31	27	29
Fさん	19	22	18	25	30	27

(単位:件)

3〉」という機能を使います。

「条件付き書式」とは、条件に基づいてデータを強調させるなどして視覚的にわかりやすくするエクセルの機能です。「スパークライン」とは、セルの中に小型のグラフを表示させるエクセルの機能のことです。

作成の手順については巻末資料40〜46ページにてご確認ください。ただし、**色をいくつも使うなどのやり過ぎは厳禁。**ゴチャゴチャして逆効果にならないよう、あくまでもナチュラルメイクでお願いします。

条件付き書式の条件は「TOP10」

に限りません。たとえば「上位10％」「20件より低い」などさまざまな条件を設定して色を変えることができます。表にこれらのようなメッセージを込めたいときには有効です。

「ミルクレープ」のような表をつくろう

また、無意識に「表」には罫線がないといけないと思ってはいないでしょうか。罫線とは枠を表現する線のことです。

そもそもこの罫線は、上下左右に隣り合うデータをきちんと分けるためにあります。しかし、それは裏を返せば、きちんと分かれて見えるのであれば罫線はなくてもよいものといえます。

このことを意識して〈表1〉にナチュラルメイクを施したものが、232ページの図です。私はこのような表を「ミルクレープのように」と喩えて説明します。生地とクリームが何層にも重なっているその姿にはなんだか美しさを感じます（私だ

【「条件付き書式」と「スパークライン」で表をアレンジ】

表2 「条件付き書式」で、条件に合致する箇所に色付けする

	4月	5月	6月	7月	8月	9月
Aさん	25	27	30	39	41	52
Bさん	30	31	26	28	39	32
Cさん	16	20	26	19	20	26
Dさん	28	30	31	36	32	28
Eさん	32	30	26	31	27	29
Fさん	19	22	18	25	30	27

TOP10を色付けした例

（単位：件）

表3 さらに「スパークライン」を使い、グラフ表現を加える

	4月	5月	6月	7月	8月	9月	グラフ
Aさん	25	27	30	39	41	52	
Bさん	30	31	26	28	39	32	
Cさん	16	20	26	19	20	26	
Dさん	28	30	31	36	32	28	
Eさん	32	30	26	31	27	29	
Fさん	19	22	18	25	30	27	

（単位：件）

※エクセルでの作成法は巻末資料40〜46ページ参照

【罫線を外して色でデータを分ける】

〈1か月間に同行したアポイントの件数〉

	4月	5月	6月	7月	8月	9月
Aさん	25	27	30	39	41	52
Bさん	30	31	26	28	39	32
Cさん	16	20	26	19	20	26
Dさん	28	30	31	36	32	28
Eさん	32	30	26	31	27	29
Fさん	19	22	18	25	30	27

（単位：件）

けかもしれませんが……）。

たったこれだけで印象がまったく変わります。ぜひトライしてみてください。

SECTION 6

「100％の理解」ではなく「75％の納得感」を目指す

完璧に理解してもらう必要があるのか？

最後は最初に戻る。私が大切にしている考え方です。

本書の第1章において、私は仕事で数字を使うことの最大のメリットを「決められること」だと述べています。

本章でお伝えしたプレゼンの定義は、「自分の主張を相手に伝え、短時間で納得してもらう行為」でした。つまり、相手があなたの主張を100％理解していなくても、要は納得をしてもらえればそれでいいわけです。極端な話、プレゼン内容がどうであれ、相手に納得感を与え、してほしい意思決定をしてもらえればそれでいいのです。

私は生命保険会社と、「保険」という人生において極めて重要な契約をしています。しかし、その「保険」の商品内容を100%理解しているわけではありません。私もあなたと同じように書籍を買い求めることがあります。しかし、その購入した本は「100%間違いなく私の仕事や人生に役立つ」とわかってから買っているわけではありません。にもかかわらず、私は自分のお金を使って本を購入しています。いったいなぜでしょうか。

私が最後にお伝えすることは、この問いに対する答えです。そしてその答えを通じて本章をまとめることにします。

「100%」よりも「75%」

「保険」も「本」も、答えは次の1行ですべて説明がつきます。

私が重要だと思ったポイントで、一定の納得感が得られたから。

つまり、人間は100%理解などしなくても、だいたいの納得感が得られれば契約や購入という行為ができる生き物です。ならば、あなたもビジネスにおけるプレゼンではその「だいたいの納得感」を目指してやってみてはいかがでしょうか。

「だいたい」では曖昧なので数値化すると、完璧に理解した状態を100%、半信半疑の状態を50％とすれば、「だいたい」はその中間の75％でしょうか。

100％の理解ではなく、75％の納得感をゴールにしよう。

本章で説明してきたことを思い出してみましょう。

- **「3－1－3」のルール**
- **インパクトよりもモノサシを重視する**
- **情報量と成功率は反比例する**
- **「見せる資料」と「備える資料」を分ける**
- **「わかりやすい」と感じさせる伝え方をする**

これらを要約すると次の3行のような内容になります。

プレゼンは「なるほど」がゴール。ゆえに相手が「なるほど」と思えるポイントに絞り、「なるほど」と感じられる数字だけを、できる限り少ない情報量と時間でわかりやすく伝える。

「正しく伝える」よりも「正しそうに伝える」

マーケティングの世界でいわれることですが、実はビジネスは「よいもの」が売れるのではありません。**「よさそうに思わせることができたもの」が売れる**のです。

たとえば書店に行けばたくさんの本が並んでいます。どれもが専門家のノウハウや経験が詰まった素晴らしい本です。しかし、売れている本はその中のほんのひと握りです。「よい本」ではなく、多くの人が「内容は正確にわからないけれどよさそうに思えた本」が売れているのです。

あるいは飲食店。メニューのどれもが（おそらく）美味しいものです。しかしお客様がメニュー表を眺めた結果、たくさん注文されるものとそうでないものがある。前者は美味しいから注文されるのではなく、お客様に美味しそうだと思わせられたから注文されたのです。

第3章のような「報告・連絡・相談」ならば事実を正確に、丁寧に、相手が

【プレゼンにおける考え方】

✕ プレゼンがうまくいかない人の考え方

- 「100%」>「75%」
- 「正しく伝える」>「正しそうに伝える」

○ プレゼンがうまくいく人の考え方

- 「100%」<「75%」
- 「正しく伝える」<「正しそうに伝える」

100%理解できることを目指します。しかし、あなたの主張に納得してもらいたいプレゼンの場では違います。

人間は完璧ではありません。だからプレゼンだって完璧を目指す必要はないのです。「100%」ではなく、勇気を持って「75%」を選択してください。

何が正しいかなんて、実は誰にもわかりません。ですから「正しく伝える」のではなく、「正しそうに伝える」という考え方でプレゼンをしてください。

明日のプレゼン、準備はいかがでしょうか。成功を祈っています。

おわりに

「入社1年目」の本音

ある入社1年目のビジネスパーソンが私にこういいました。

「職場には先輩や上司がいますが、正直にいうと〝あなたにはいわれたくない〟と思うことが何度かあります」

そうだよなぁと思います。だからこそ、私自身は手本となるようなカッコいい大人でいなければと思います。「まあこの人のいうことなら、いったんやってみるか」と思っていただけるような存在でなければならない、と。

その緊張感は、人が成長するためにとても大切なことです。そういう意味で、先ほどの言葉は私の心の中に常に置いてある言葉でもあります。

入社1年目を指導するということは、他でもないその指導者が誰よりも勉強し、誰よりも挑戦し、誰よりも成果を求めて走っていなければならないのでしょう。

「この人の書いた本を読んでよかった」と思っていただけるよう頑張ります。

ありがとうございました。

深沢真太郎

よろしければご感想をお寄せください。お返事差し上げます。

info@bm-consulting.jp

参考文献

標準偏差について数学的な理解を深めたい方

『完全独習　統計学入門』
小島寛之・著（ダイヤモンド社）

チェビシェフの不等式、変動係数について数学的な理解を深めたい方

『スッキリわかる確率統計』
皆本晃弥・著（近代科学社）

Chat GPT 1 データを読ませて解釈してもらう

入社1年目は上司や先輩に数字の報告をする機会もたくさんあるでしょう。そのような場では、そのデータからどんなことがいえるのかを説明する必要があります。事前にChatGPTに尋ねることで、実際の報告に使う内容のヒントを把握できます。ただしその内容をそのまま鵜呑みにしてしまうと極めて危険です。 詳しくは次ページを確認してください。

プロンプト（指示や質問）

あなたはデータ分析の専門家です。
次のデータはある商品の売上を5週間にわたり記録したものです。
このデータからわかることを説明してください。

#条件

・1分間で説明できる程度の情報量で
・入社1年目が上司に報告する内容を想定して

	月	火	水	木	金	土	日
1week	734	701	691	674	1052	439	408
2week	631	620	630	644	999	460	385
3week	690	666	677	649	993	377	401
4week	628	555	592	521	1040	322	294
5week	511	480	509	588	960	321	252

ChatGPTの回答

これらのデータから得られる主な洞察は次の通りです。

1. 曜日ごとの傾向：
金曜日が売上の中でもっとも高い傾向があり、特に1週目と4週目は顕著です。土曜日も比較的高い売上があります。これは週末に向けての需要が高まっている可能性があります。

2. 週ごとの売上変動：
週ごとに売上に変動があります。1週目から3週目はゆるやかな上昇傾向が見られますが、4週目で急激に低下し、5週目で再び上昇しています。この変動には季節性や特別なイベントの影響が考えられます。

3. 需要予測の改善：
金曜日がピークであることを踏まえ、在庫管理や補充計画を金曜日に集中させることで、効率的な需要予測や在庫最適化が図れるでしょう。

簡潔にまとめると、売上の週ごとの変動と曜日ごとの傾向に基づいて、需要予測の改善や効果的な在庫管理が可能であり、特に金曜日の売上に焦点を当てることが効果的であるといえます。

➡ここで重要なことは、ChatGPTの回答が必ずしも正しいとは限らないということです。たとえば「土曜日も比較的高い売上があります」と説明されていますが、本当にそうでしょうか？　つまりこの内容をそのまま鵜呑みにしたり、このまま利用することは極めて危険です。むしろ「ChatGPTはどこを間違えているか」という視点で確認し、あくまで報告の型として参考程度に使うべきでしょう。
ChatGPTは具体的な計算問題を解いているわけではなく、その答えを「推測」しているに過ぎません（正確な計算をしてくれるツールではない！）。そういう意味では、最後はやはり自分でデータを読まないといけないということです。

Chat GPT 2
業界の基準値や平均値をネタにして対話する

入社1年目は、まだ業界の基準値や平均値などを知識として持っていないはずです。まずは素直にChatGPTに尋ねることで、あくまで一般的な目安としてどれくらいなのかを知ることができるでしょう。さらにその数値を媒介にして対話を発展させていくこともオススメです。これから仕事でどんなことを考えていく必要があるのか、ヒントが得られるでしょう。

プロンプト（指示や質問）

あなたはアパレル業界に詳しいコンサルタントです。
アパレル企業の営業利益率は平均するとどれくらいですか。
簡潔にお答えください。

ChatGPTの回答

アパレル企業の営業利益率の平均は通常、5%から10%の範囲にあります。

プロンプト（指示や質問）

ありがとうございます。
その数字はブランドや会社の規模によってだいぶ差があるとお考えでしょうか。
簡潔にお答えください。

ChatGPTの回答

はい、その通りです。
アパレル企業の営業利益率はブランドや企業の規模によって大きく異なります。

プロンプト(指示や質問)

ありがとうございます。アパレル企業に関して、追加で質問があります。低価格帯のブランドや小規模企業で営業利益率が20%を超えるために必要なことはなんだと思いますか?

#条件

・必要なことを3つ列挙してください
・合計300文字程度で簡潔にお願いします

ChatGPTの回答

1. 生産効率向上：
低価格帯であっても、生産効率の向上が不可欠。

コストを最小限に抑えつつ品質を確保し、効率的な生産ラインを構築することが重要です。

2. 戦略的調達：
供給チェーンの戦略的調達に焦点を当てる。

リーズナブルで信頼性のあるサプライヤーとの協力、原材料の適切な調達が必須です。

3. 効果的なブランド戦略：
低価格でありながらも差別化されたブランド戦略を展開。

顧客にとって魅力的であり、同時に利益率向上に寄与する独自性を打ち出すことが重要です。


➡ビジネスにおいて「参照元はChatGPTです」はおそらく通用しません。つまり答えてくれる数値はあくまで一般的な目安に過ぎません。正確な情報が必要な場合は、必ず市場調査や産業統計を確認するようにしてください。またこの例のように示された数値を高める(下げる)ためのヒントも尋ねてみるとよいでしょう。

ChatGPT 3 アンケート結果などから定量情報をつくる

数字を積極的に活用するためには、定性的な(数値で表現できない)情報から定量的な(数値で表現できる)情報をつくるスキルも持っていたいところ。たとえばChatGPTを使えばアンケートなどの自由回答から象徴的なワードのランキングをつくることができます。

プロンプト(指示や質問)

次のデータはあるセミナーの受講者アンケートの自由回答です。
使われている単語のランキングを作成してください。

#条件

・順位と実際の単語の数を示してください
・上位から10位までのランキングで結構です

以下、受講者アンケートの自由回答です(一部抜粋)。

・統計学の基礎を学んだこと
・「わける」と「つなぐ」というコンセプトを学んだこと
・100%伝えようとしてはいけないことを知れた
・数字の使いどころがわかった(相手のつっこみどころ)
・伝えやすいプレゼンを講師が実践できていたこと
・データ分析は「データを扱う前」が9割
……

ChatGPTの回答

以下は受講者アンケートの自由回答から得られた単語のランキングです。各単語の出現回数を元にしています。上位10位までを示します。

1. 統計学 - 19回
2. 数字 - 18回
3. プレゼンテーション - 11回
4. 考え方 - 10回
5. データ - 9回
6. 伝える - 8回
7. 講師 - 7回
8. 意識 - 7回
9. 概要 - 7回
10. 75% - 6回

※ 同じ回答が複数回カウントされている可能性があります。

➡ 入社1年目は「集計する仕事」を任されることもたくさんあるでしょう。数値データであればエクセルを活用することになりますが、定性的な情報は何をどうしたらよいかわからないもの。そこでこのようなひと手間を加え、定量情報をつくることで、一歩踏み込んだわかりやすい情報をつくることができます。

ChatGPT 4 アンケート結果などを整理・要約する

先ほどのようなアンケートの自由回答データがあれば、ChatGPTにグルーピングをさせてはいかがでしょうか。回答内容にはざっくりどんなタイプがあるのか、それはいくつのグループに分けることができるのか、などを一瞬で整理してくれます。
うまくまとまっていれば、このまま報告書やプレゼンにも活用できるでしょう。

プロンプト（指示や質問）

次のデータはあるセミナーの受講者アンケートの自由回答です。

#質問

・特徴の似ている回答をグルーピングすると、いくつのグループに分かれるでしょうか？
・またそのグループに名前をつけるならどんな名称になるでしょうか？

以下、受講者アンケートの自由回答です(一部抜粋)。

・統計学の基礎を学んだこと
・「わける」と「つなぐ」というコンセプトを学んだこと
・100％伝えようとしてはいけないことを知れた
・数字の使いどころがわかった（相手のつっこみどころ）
・伝えやすいプレゼンを講師が実践できていたこと
・データ分析は「データを扱う前」が9割
……

ChatGPTの回答

自由回答から得られる特徴的なグループは以下のようになります。

1.統計学の理解向上：
「統計学の基礎を学んだ」「統計の基礎知識を知れた」
2.数字の活用：
「数字の使いどころがわかった」「数字を伝える、ではなく数字で伝えることが重要だと理解できた」「数値で語る統計の概要を復習できた」
3.プレゼンテーションの向上：
「プレゼンのまとめ方の復習ができた」「6ステップで準備する、というのはすぐに活用できそう」「プレゼンの相手の行動を変えることの重要性を再認識した」
4.論理的思考の向上：
「論理思考の復習ができた。新しい知識も獲得できた」「『わける』と『つなぐ』というコンセプトを学んだこと」
5.データの活用：
「データ分析は『データを扱う前』が9割」「アサンプションベースでの考え方」「推定のゴールイメージを4つ整理できた」

これをもとにグループ化すると、5つの特徴的なグループが形成されました。これを「統計学理解向上グループ」「数字活用グループ」「プレゼンテーション向上グループ」「論理的思考向上グループ」「データ活用グループ」と名付けることができます。

➡ 得られる情報としては、前項のような単語の集計と似ています。どちらがよいかは説明を聞く上司や先輩の好みにもよります。まずは両方を資料などに盛り込んではどうでしょう。その上でどのような形式が望ましいか相談してみてください。

Chat GPT | 5

上司との対話を実演してもらう

入社1年目にとって何より不安なのは先輩や上司とのコミュニケーションではないでしょうか。何かを報告する際も「ダメ出しされるのではないか」「思いもしない箇所をツッコまれるのではないか」と思うのは当然でしょう。そこでChatGPTを使い、上司との対話のシミュレーションをしてはどうでしょうか。

プロンプト（指示や質問）

私はマーケティング部の新入社員です。あなたに相談があります。

#目的

私と上司とのコミュニケーションを円滑に済ませるため、事前に練習をしておきたい。

#相談事項

私の上司は小売業のマーケティング部長です。あなたにこの上司の立場になっていただき、私からの報告内容について指摘や質問をしてください。

この上司は神経質で細かい数字もいちいち確認したがるタイプです。

私の上司の立場になっていただき、練習の相手になってくださいますか？

ChatGPTの回答

もちろん、練習の相手になります。

具体的な報告内容を教えていただければ、それに基づいて上司の立場になり、指摘や質問を行います。報告内容をお知らせいただけますでしょうか？

プロンプト（指示や質問）

では基本的な数値の報告の場面でお願いします。 報告内容は以下の通りです。

#報告内容

部長、先週の状況を報告してもよろしいでしょうか。 WEBサイトのアクセス数はおよそ3万PVでした。これは前週比10％ダウンです。 要因についてはこれから調査を始めようと思っています。

ChatGPTの回答

了解しました。上司の立場での質問や指摘を模擬いたします。

質問：

先週のアクセス数が前週比10％ダウンした理由について、具体的な仮説や情報はすでに持っていますか？

指摘：

数字の変動は重要ですが、それがビジネス目標にどのような影響を与えるかについて考えていますか？　具体的な目標との関連性を確認することが重要です。

質問：

今回の調査で注力するポイントや調査手法について考えていますか？ それが問題解決にどれくらい寄与するか教えてください。

これらの質問や指摘を通じて、報告内容のさらなる具体的な情報や行動計画について考えることができます。お役に立てれば幸いです。

プロンプト（指示や質問）

ありがとうございます。

あなたの質問から、「すでに何か仮説や情報はあるか？」という質問を上司からされる可能性を認識できました。

仮説や情報がある場合は、上司から求められる前に自分から伝えたほうがいいように感じましたが、あなたの意見はいかがでしょうか？

ChatGPTの回答

あなたの感覚は正しいです。

仮説や情報がある場合、上司が質問する前に自分からそれを伝えることは、プロアクティブで主体的な姿勢を示す一環となります。

これにより、上司との円滑なコミュニケーションが可能となり、また、あなたの仕事への主体性や主観的な洞察力をアピールする機会ともなります。

上司は細かい数字に興味を持つ方なので、仮説や情報を共有する際には、それを裏付けるためのデータや具体的な事例を交えながら説明するとよいでしょう。これにより、信頼性や説得力が増し、上司もより理解しやすくなります。

プロンプト（指示や質問）

ありがとうございます。

追加で質問をさせてください。もしあなたがこの上司のように、細かい数字に興味を持つタイプだとしたら、他にどんなコメントをする可能性があるでしょうか？

ChatGPTの回答

細かい数字に興味を持つタイプであれば、以下のようなコメントや質問が考えられます。

1.過去の数値との比較：

“前々週や先月と比べた場合、どのような変動が見られますか？”

2.特定のセグメントへのフォーカス：

“アクセス数の変動が特定のページやセクションに関連している可能性は考えられますか？”

3.競合他社や業界平均との比較：

“同じ期間に競合他社のWEBサイトや業界平均のアクセス数も確認しましたか？”

4.キャンペーンやプロモーションの影響：

“先週に実施したキャンペーンやプロモーションが影響している可能性はありますか？”

これらのコメントや質問は、数字に基づく議論や戦略を深め、より具体的な方針を立てるのに役立つでしょう。

➡》このようにChatGPTに上司や先輩の立場になってもらい、どんな指摘や質問をする可能性があるかを相談することも有効な準備といえます。その相手がどんな分野を得意としているか、どんなキャラクターか、などといった情報も提供できるとより高い精度のリアクションが期待できます。

Chat GPT 6 「問題」を作成してもらう

本書のテーマでもある「数字に強くなる」はすぐに実現できるようなものではなく、長期的にトレーニングすることで実現するものです。つまりいかに練習をたくさんするかで決まります。そこでChatGPTを使い、数字に強くなるためのトレーニングになるような問題を作成してもらってはいかがでしょうか。

プロンプト(指示や質問)

私はメーカー勤務の入社1年目社員です。数字に苦手意識を感じており、数字に強いビジネスパーソンを目指したいと思っています。

#目的

まずはビジネスで必須の計算ができるようになりたい。

#依頼事項

ビジネスで行う典型的な計算を1問出題してほしい。
正解も併せて示してください。
電卓があれば手元で計算できるレベルでお願いします。
1分程度で答えが出せるレベルでお願いします。

ChatGPTの回答

もちろんです。以下の計算問題を解いてみてください。

問題：

ある製品を製造するために、原材料Aを1キログラム、原材料Bを0.5キログラム使用します。原材料Aは1キログラムあたり200円、原材料Bは1キログラムあたり150円です。製品1つの製造コストを計算してください。

正解：

1.原材料Aのコスト：1kg×200円/kg=200円

2.原材料Bのコスト：0.5kg×150円/kg=75円

3.製品1つの総コスト：200円+75円=275円

したがって、製品1つの製造コストは275円です。

このような計算ができると、ビジネスにおいてコストや価格設定に関する基本的な理解が得られます。お試しください。

プロンプト（指示や質問）

ありがとうございます。少し簡単すぎる問題でした。

そこでもう少しレベルの高い問題をお願いできますでしょうか。

依頼事項

損益分岐点を計算する問題を1問出題してほしい。

正解も併せて示してください。

電卓があれば手元で計算できるレベルでお願いします。

1分程度で答えが出せるレベルでお願いします。

ChatGPTの回答

もちろんです。次の問題は損益分岐点を計算する問題です。お試しください。

問題：

ある商品を製造し、1つあたりの製造コストは30円です。この商品を1つあたり50円で販売しています。また、固定費用として、月々の給与や設備の維持に5,000円かかります。ある1か月での損益分岐点を計算してください。

正解：
損益分岐点は、利益がゼロになる販売数量のことです。利益は売上から変動費用（製造コストや販売コスト）と固定費用を差し引いたものです。以下の式で損益分岐点（Q）を求めます。
Q=（固定費用）÷（売上単価－変動費用単価）

ここで、
・売上単価は1つあたり50円
・変動費用単価は1つあたり30円
・固定費用は5,000円

この値を代入して計算してみてください。損益分岐点は、利益がゼロになる販売数量です。問題の正解は以下の通りです。
Q=5,000÷（50－30）
Q=5,000÷20
Q=250
したがって、損益分岐点は250個です。これ以上の数量を売れば利益が出ます。

プロンプト（指示や質問）

ありがとうございます。ちなみに先ほどの問題において割引して販売するケースの問題を作成することはできるでしょうか。

#依頼事項

損益分岐点を計算する問題を1問出題してほしい。
正解も併せて示してください。
電卓があれば手元で計算できるレベルでお願いします。
1分程度で答えが出せるレベルでお願いします。

ChatGPTの回答

もちろんです。以下に損益分岐点を計算する問題を用意しました。よろしければお試しください。

問題：割引販売の損益分岐点

あなたが製造している商品の定価は1個あたり50ドルで、変動費は1個あたり30ドルです。しかし、今回のプロモーションのために、商品を20%の割引で販売することになりました。固定費は5,000ドルです。この条件下で損益分岐点を求めてください。

計算方法は前回の問題と同様ですが、今回は割引が絡むため、割引後の販売価格を考慮してください。解答ができましたら教えてください。

プロンプト（指示や質問）

実際に計算してみました。解答は500個です。いかがでしょうか。

ChatGPTの回答

正解です！　素早い計算および正しい解答、おめでとうございます。500個が損益分岐点となります。これ以上の販売台数があれば利益が出ますし、これ以下だと損失になります。

➡》このようにChatGPTは正解が数値になるような問題も一瞬で作成してくれます。ただし、繰り返しになりますが ChatGPTは具体的な計算問題を解いているわけではなく、その答えを「推測」しているに過ぎません（正確な計算をしてくれるツールではない！）。 ChatGPTが示す計算結果に疑問がある場合は、電卓やエクセルなど100％間違うことのないツールで確かめてみることを推奨します。

Excel 1

データを読み解くときに役立つ関数

※本文136～147ページ

平均値

そのデータの大小を平らに均した状態にあたる数値

＝AVERAGE(データ範囲を選択)

中央値

そのデータを大小順に並べたときに
ちょうど真ん中に位置する数値

＝MEDIAN(データ範囲を選択)

最頻値

そのデータの中でもっとも多く存在する数値

＝MODE(データ範囲を選択)

標準偏差

そのデータの平均値に対するバラツキ具合を数値化したもの

＝STDEVP(データ範囲を選択)

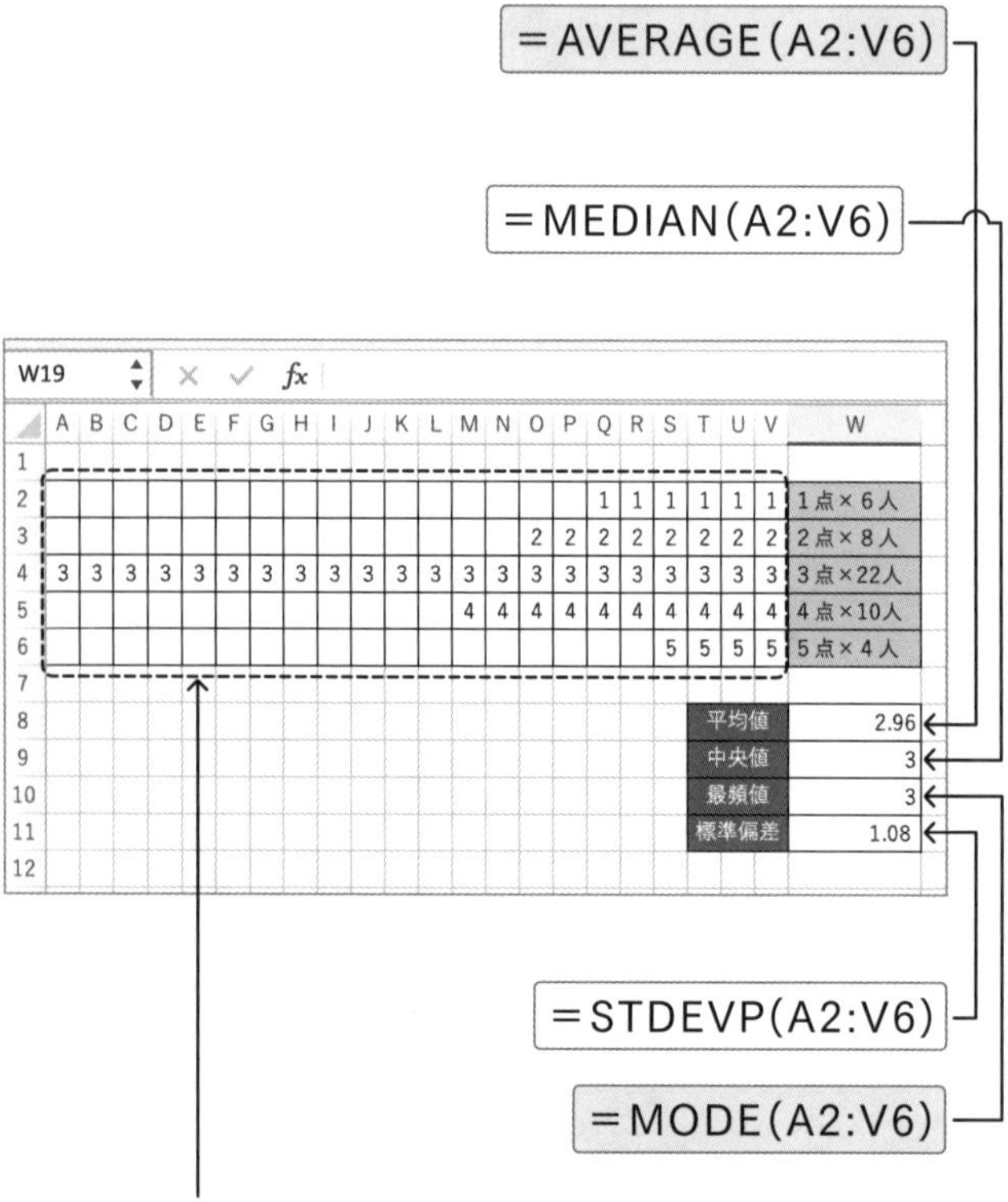

枠内のデータ範囲がここでは「A2：V6」となる。図のように各値をその数だけ入力(たとえばこの表の場合、1点と評価したものが6人だったので、1が6つ入力されている)したものでなければこの関数は使えないので注意!

Excel 2

散布図

※本文183ページ

散布図

2つのデータの関係を図に表したもの

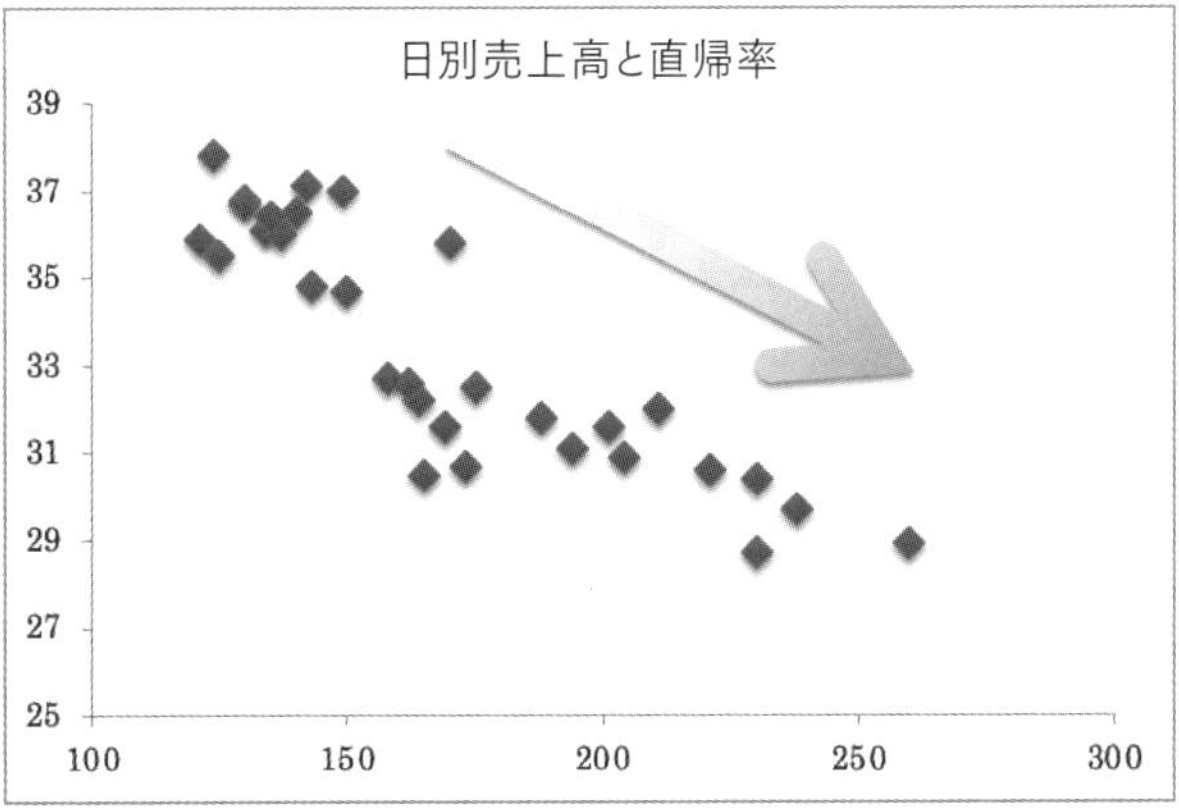

「日別売上高」と「直帰率」に相関関係があることを示せる。

① 散布図にしたいデータの範囲を選択し、「挿入」タブの「グラフ」グループから「散布図」を選択する。

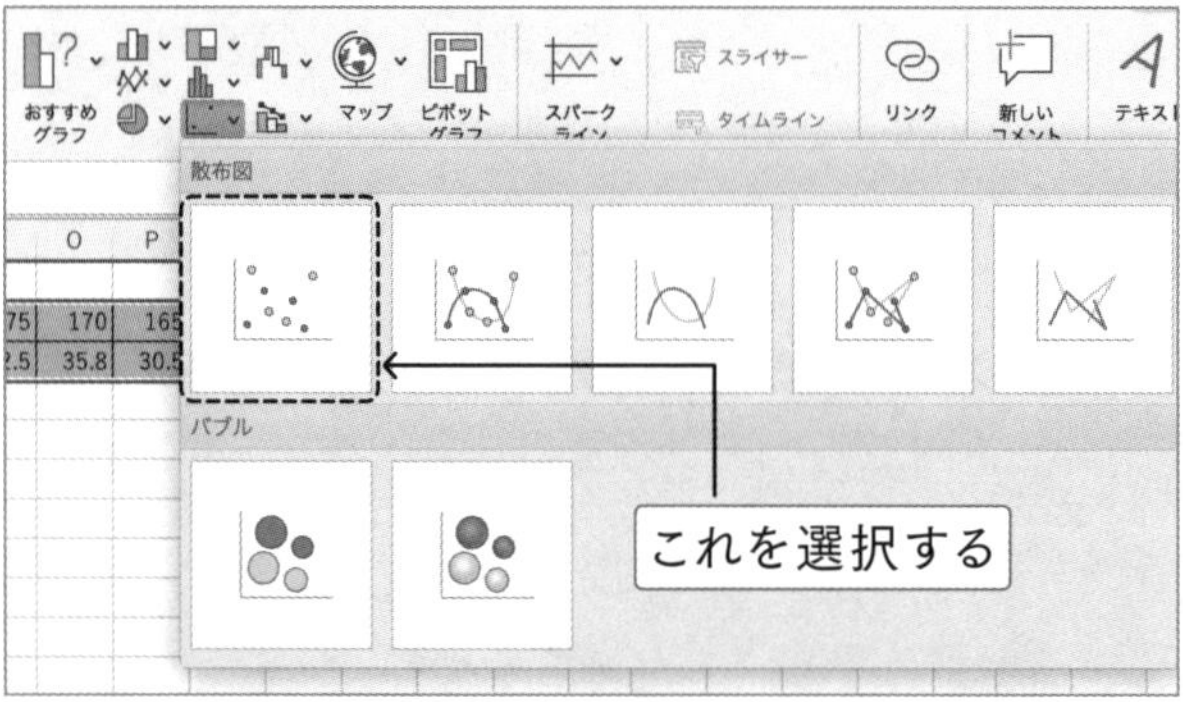

② アレンジして見やすく整える(軸の調整、矢印の挿入など)。

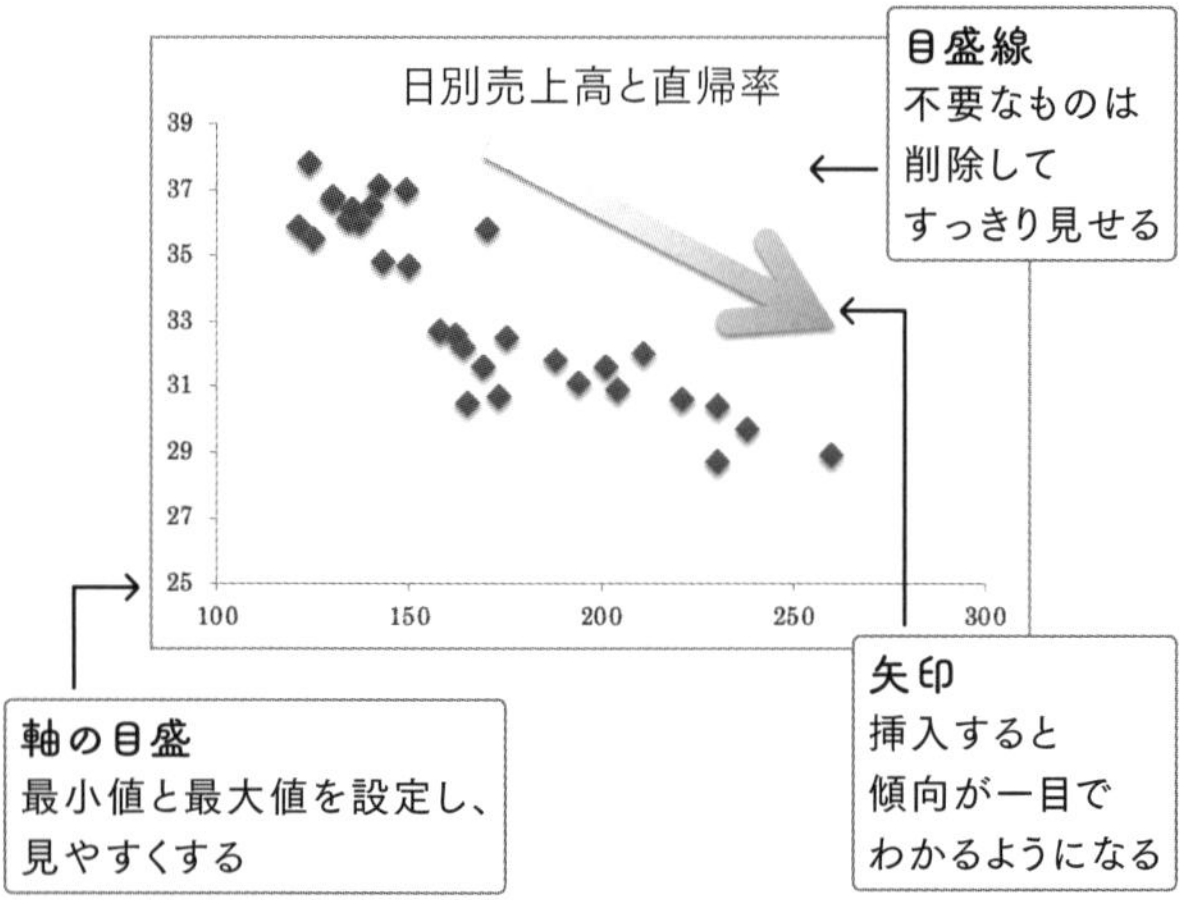

Excel 3

パレートグラフ

※本文187ページ

パレートグラフ

棒グラフと折れ線グラフを組み合わせてつくるグラフ

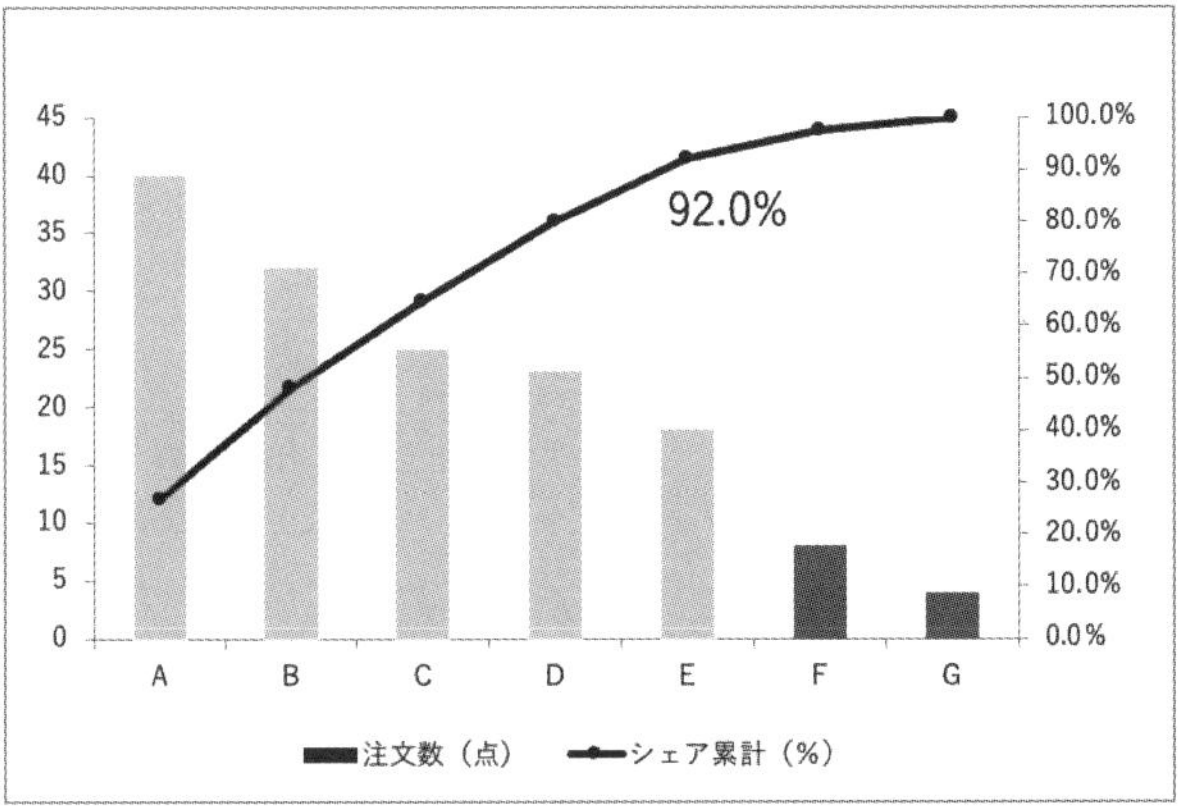

売れ筋とそうでない製品の状況、
それぞれの製品の全体における割合が一目でわかる。

① 注文数(点)の多い順に累計の売上高を算出し、それに対して全体のシェアの累計を算出した表をつくる。

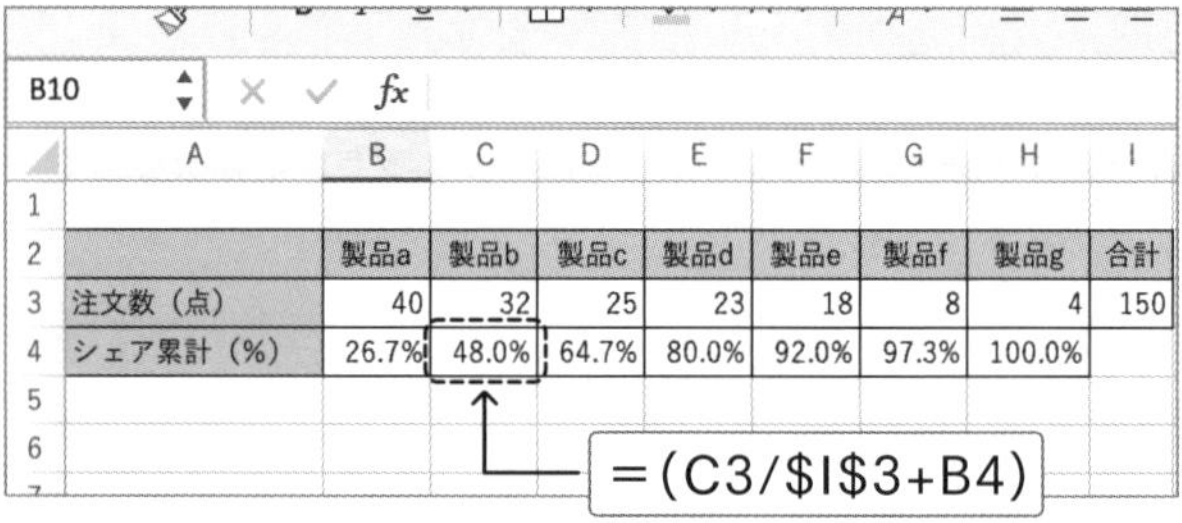

② 2種類のデータの範囲を選択して棒グラフをつくる。

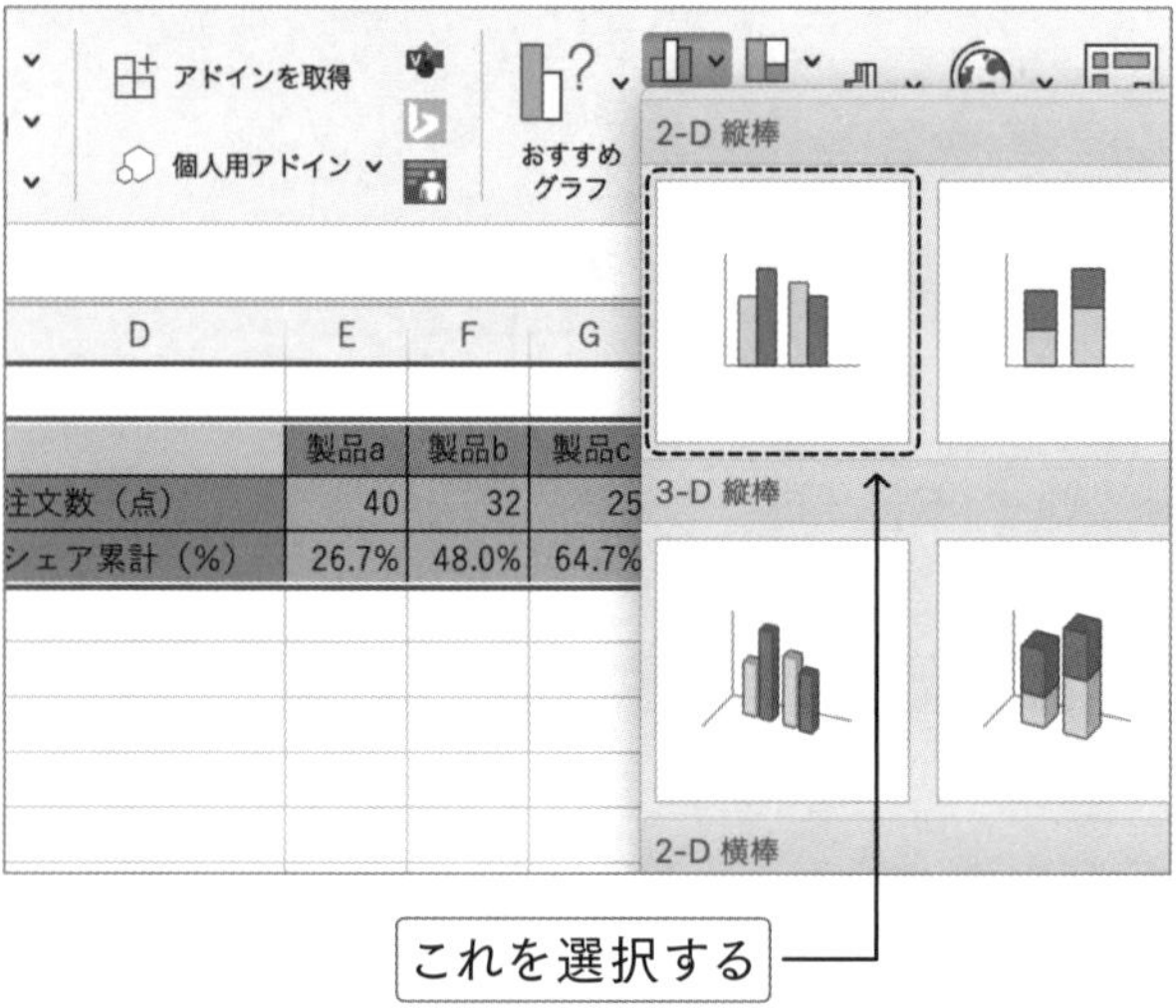

③「シェア累計」の棒グラフを折れ線グラフに変更する。

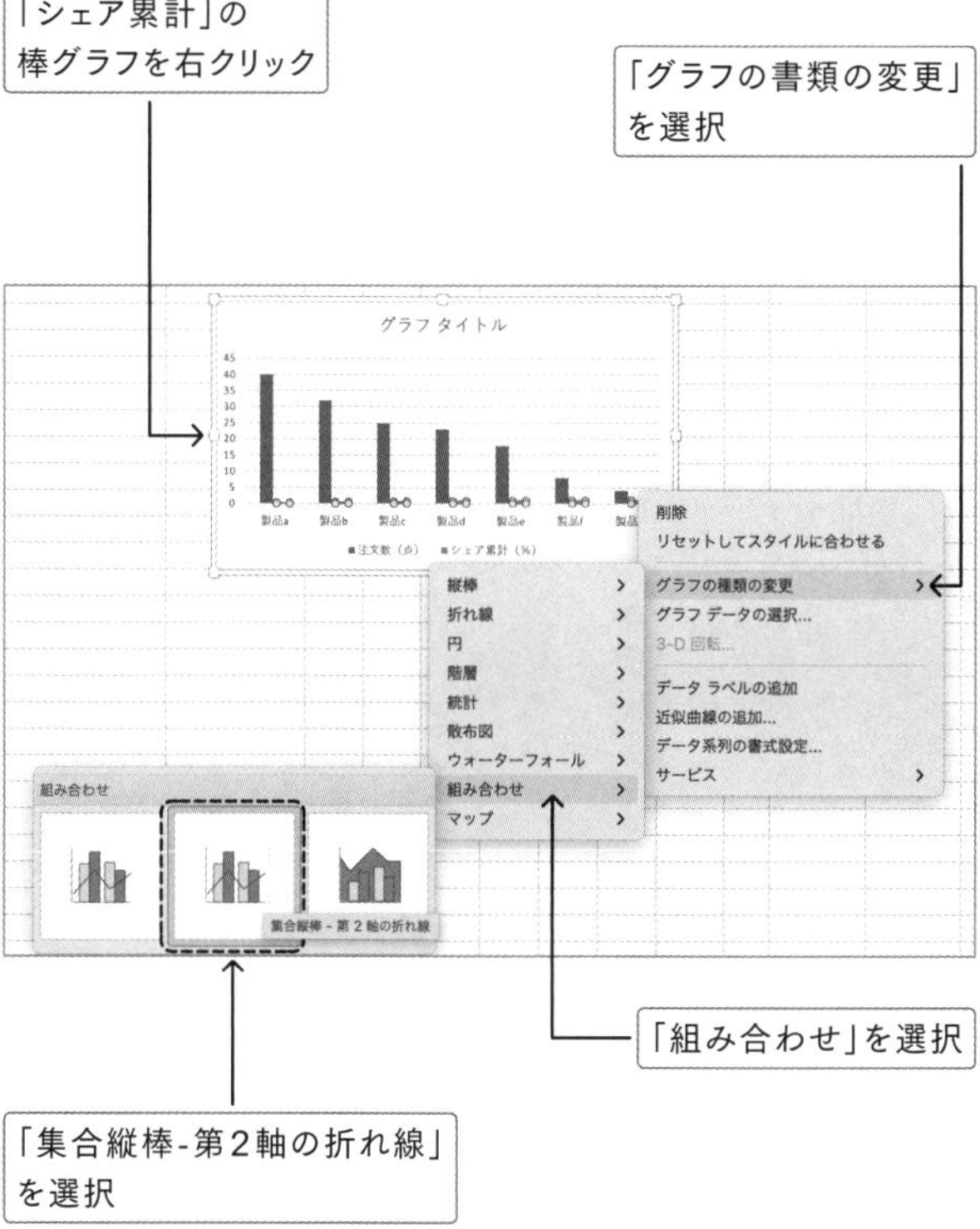

④ アレンジして見やすく整える(目盛線、棒グラフの色など)。

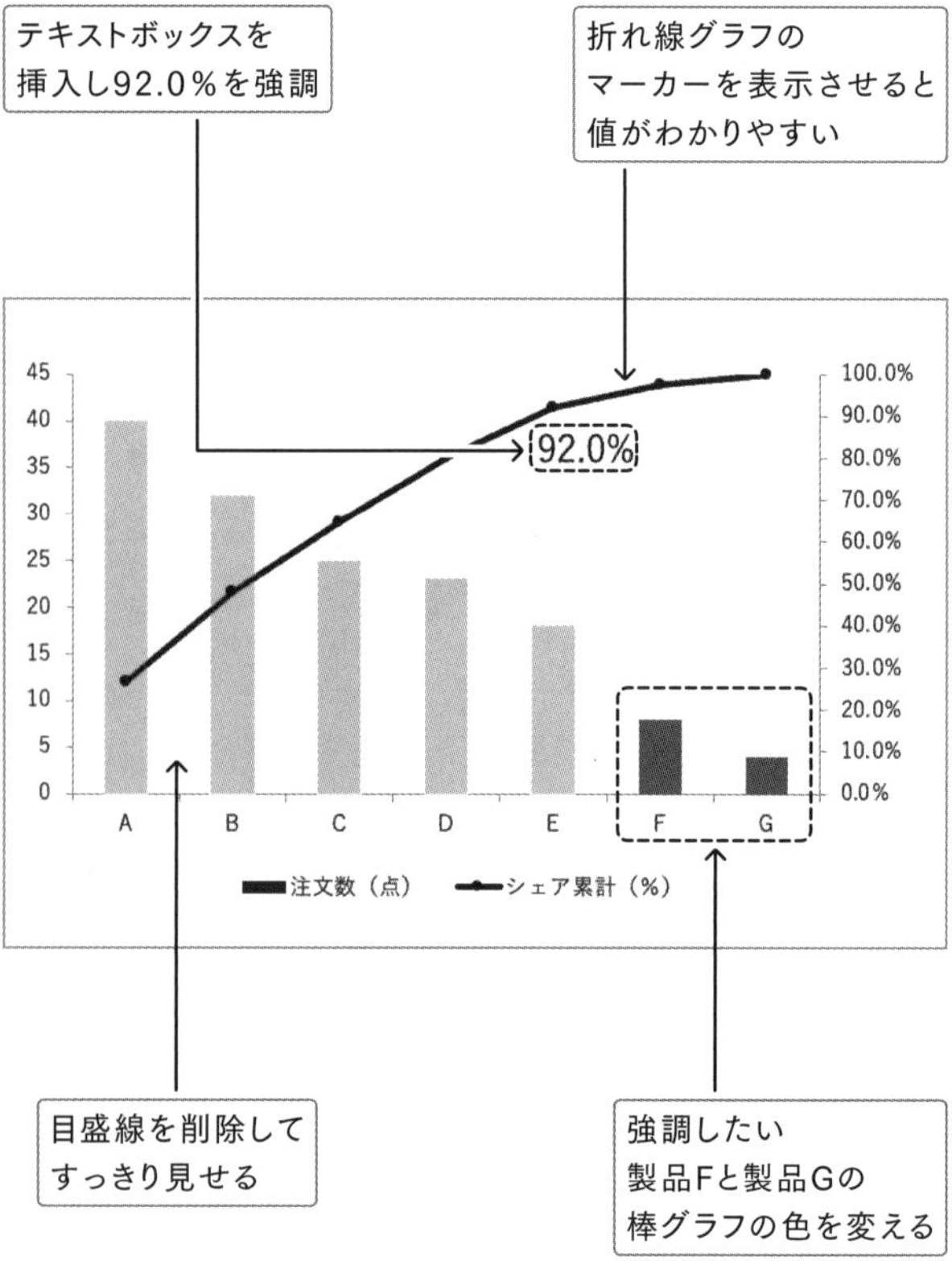

Excel 4 二重ドーナツ型円グラフ

※本文189ページ

二重ドーナツ型円グラフ

実数とシェアをまとめて見せることができるグラフ

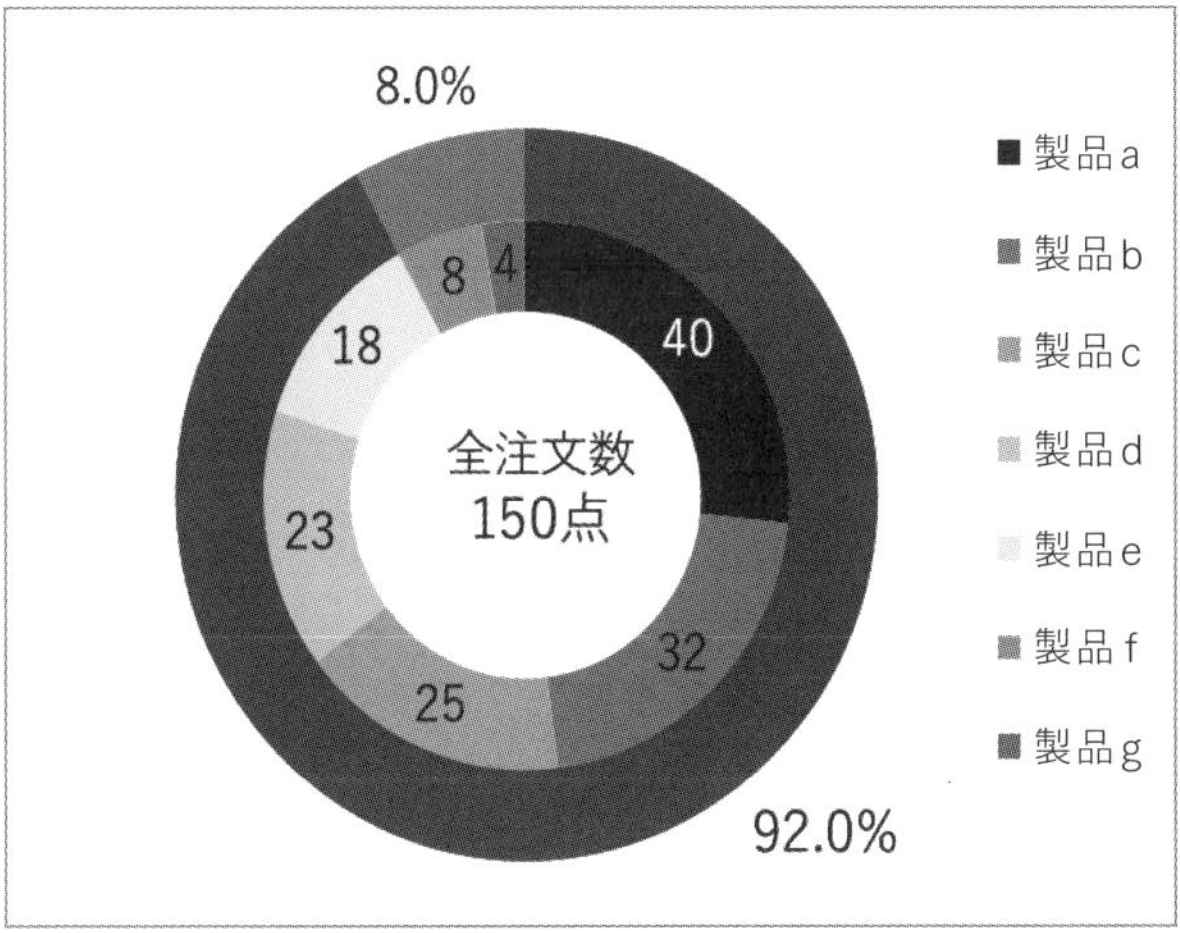

パレートグラフと同様に、製品それぞれの注文数と
全体における割合(シェア)が一目でわかる。

① 製品aから製品eまでのシェアを下記表のように整理する。

	A	B	C	D	E	F	G	H	I
1									
2		製品a	製品b	製品c	製品d	製品e	製品f	製品g	合計
3	注文数（点）	40	32	25	23	18	8	4	150
4	シェア（%）	26.7%	21.3%	16.7%	15.3%	12.0%	5.3%	2.7%	
5									
6									
7									
8									

② さらに製品aから製品eまでの合計と製品fと製品gの合計の2種類のシェア累計を算出し、下記表のように整理する。

	A	B	C	D	E	F	G	H	I
1									
2		製品a	製品b	製品c	製品d	製品e	製品f	製品g	合計
3	注文数（点）	40	32	25	23	18	8	4	150
4	シェア累計（%）					92.0%		8.0%	
5	シェア（%）	26.7%	21.3%	16.7%	15.3%	12.0%	5.3%	2.7%	
6									
7									
8									

＝SUM(B5:F5)

＝SUM(G5:H5)

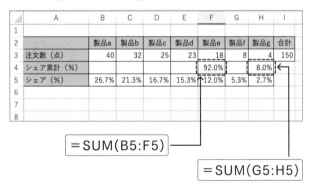

③ 表の注文数とシェア累計の範囲を選択し、「挿入」ダブから円グラフを選択。さらに「ドーナツ」を選択する。

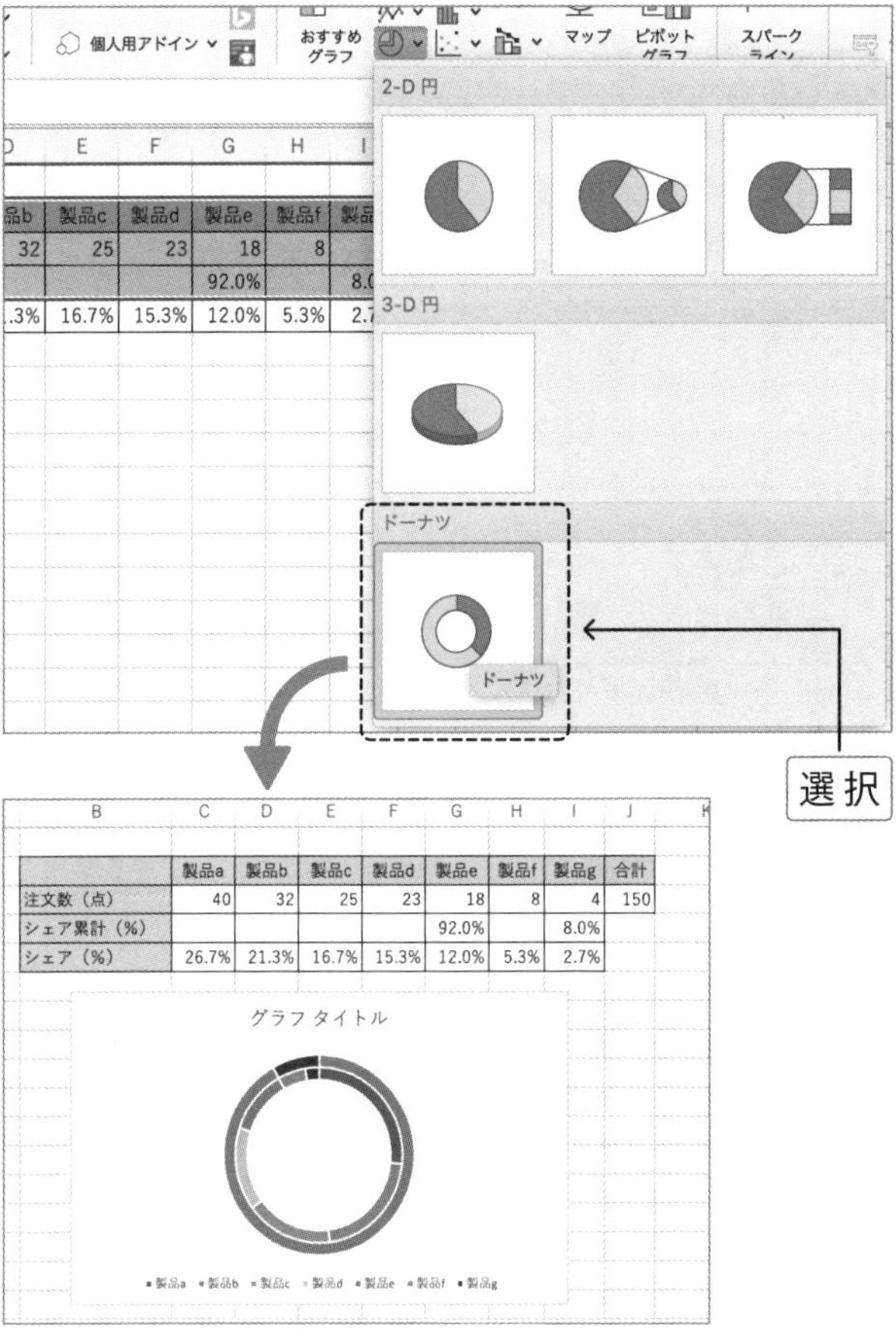

④ アレンジして見やすく整える(データラベル、グラフの幅など)。

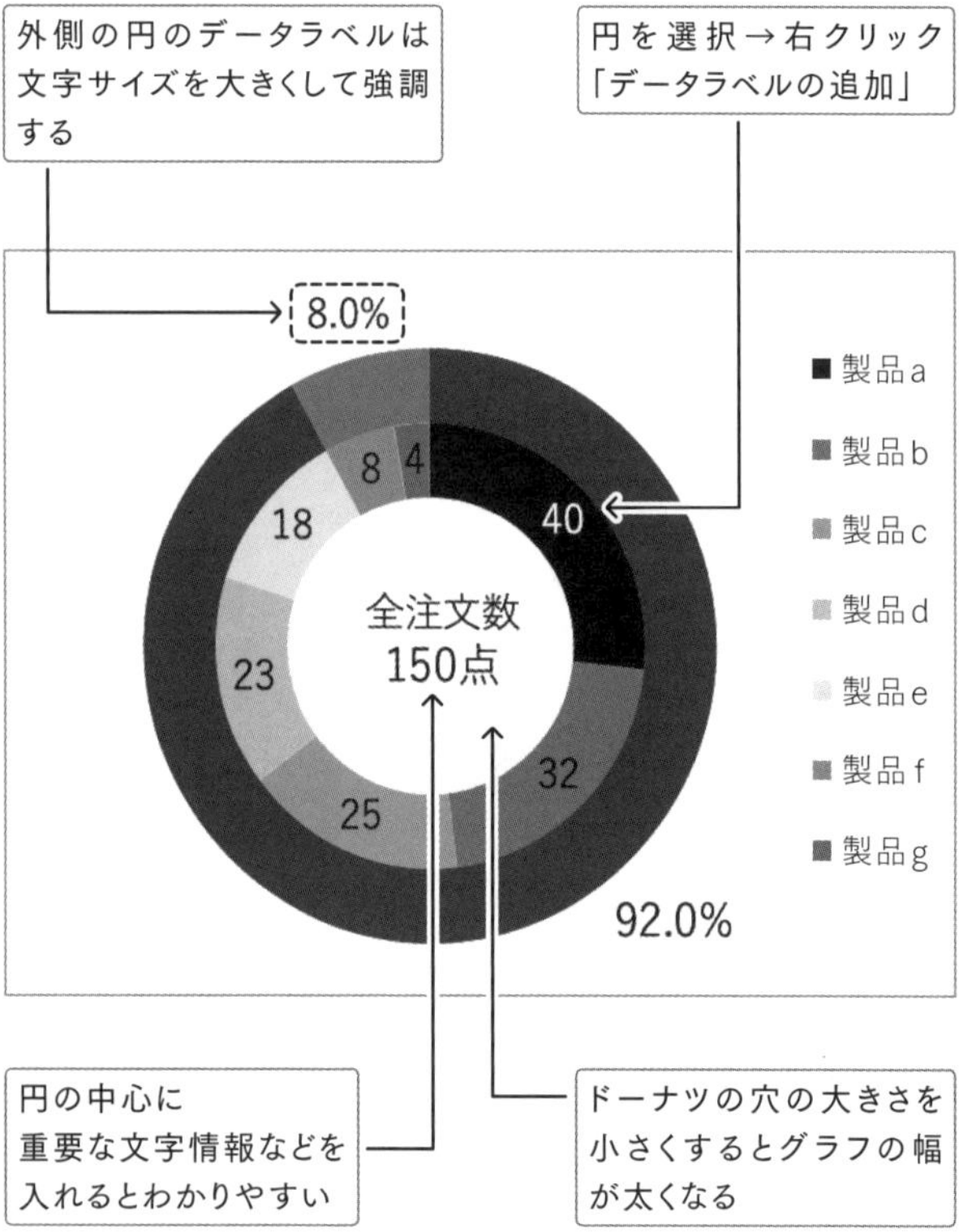

Excel 5 補助縦棒付き円グラフ

※本文189ページ

補助縦棒付き円グラフ

円グラフから一部の値を抜き出して積み上げ棒グラフで表す

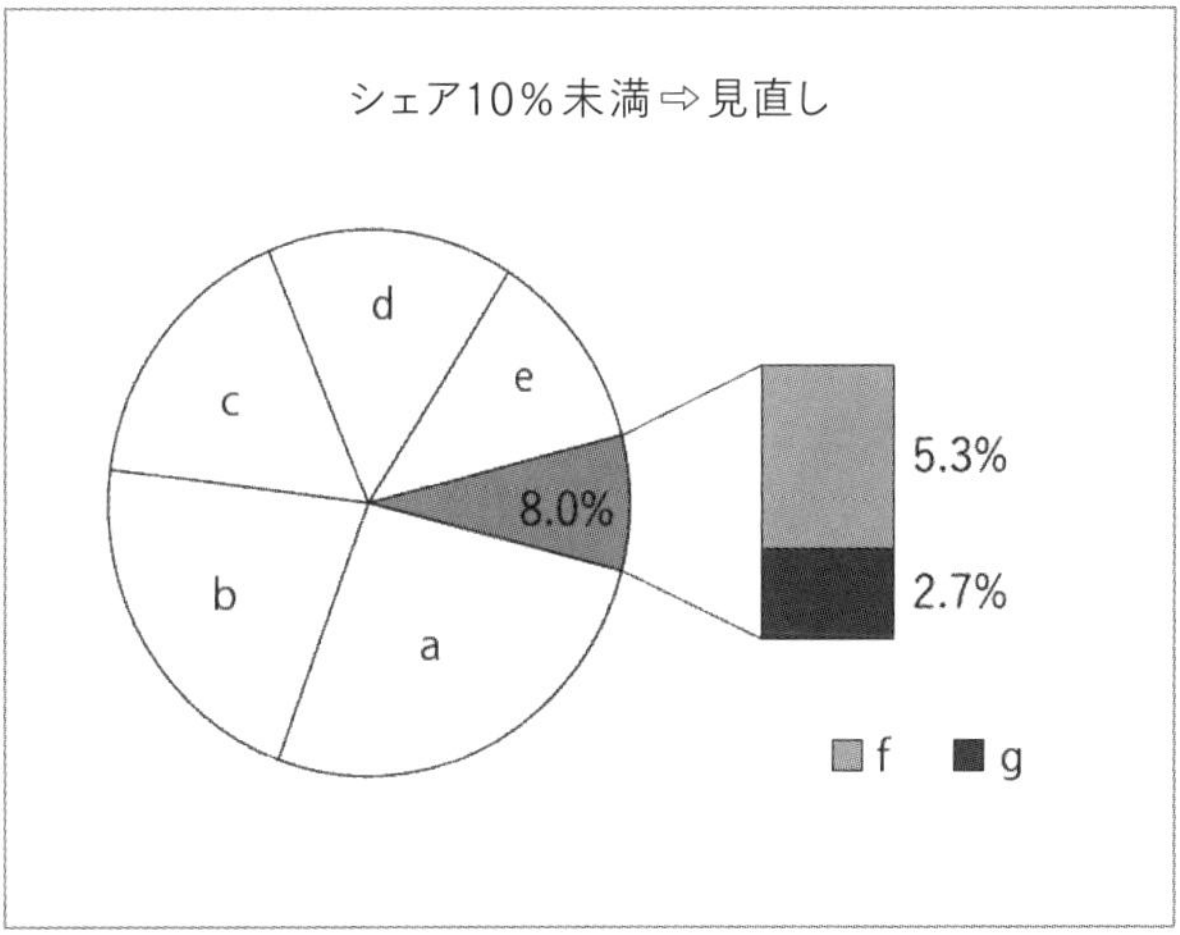

割合の小さい値を棒グラフにすることで、
わかりやすく、かつ強調した形で表せる。

① 製品aから製品eまでのシェアを下記表のように整理する。

	製品a	製品b	製品c	製品d	製品e	製品f	製品g	合計
シェア（%）	26.7%	21.3%	16.7%	15.3%	12.0%	5.3%	2.7%	
注文数（点）	40	32	25	23	18	8	4	150

② データの範囲を選択し、「挿入」タブで円グラフを選択。
さらに「2－D円」の中の「補助縦棒付き円」を選択。

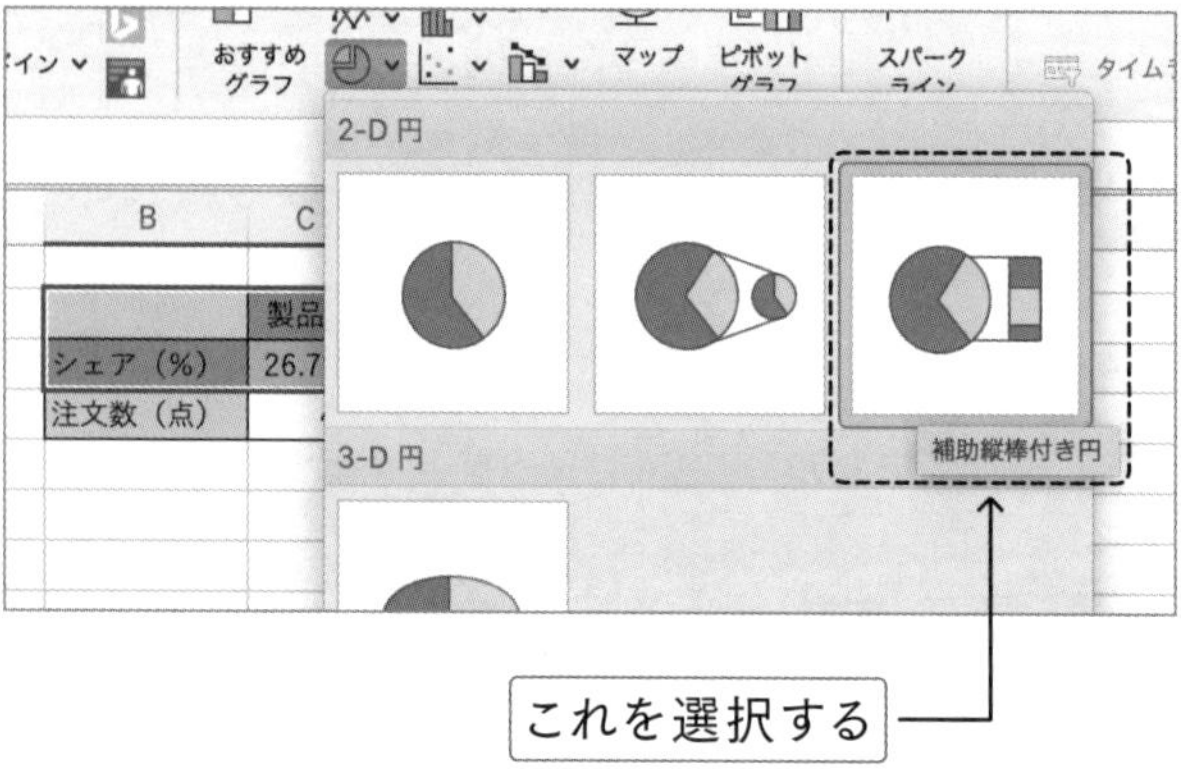

③ 表示されたグラフ上で右クリックし、「データ要素の書式設定」を選択。

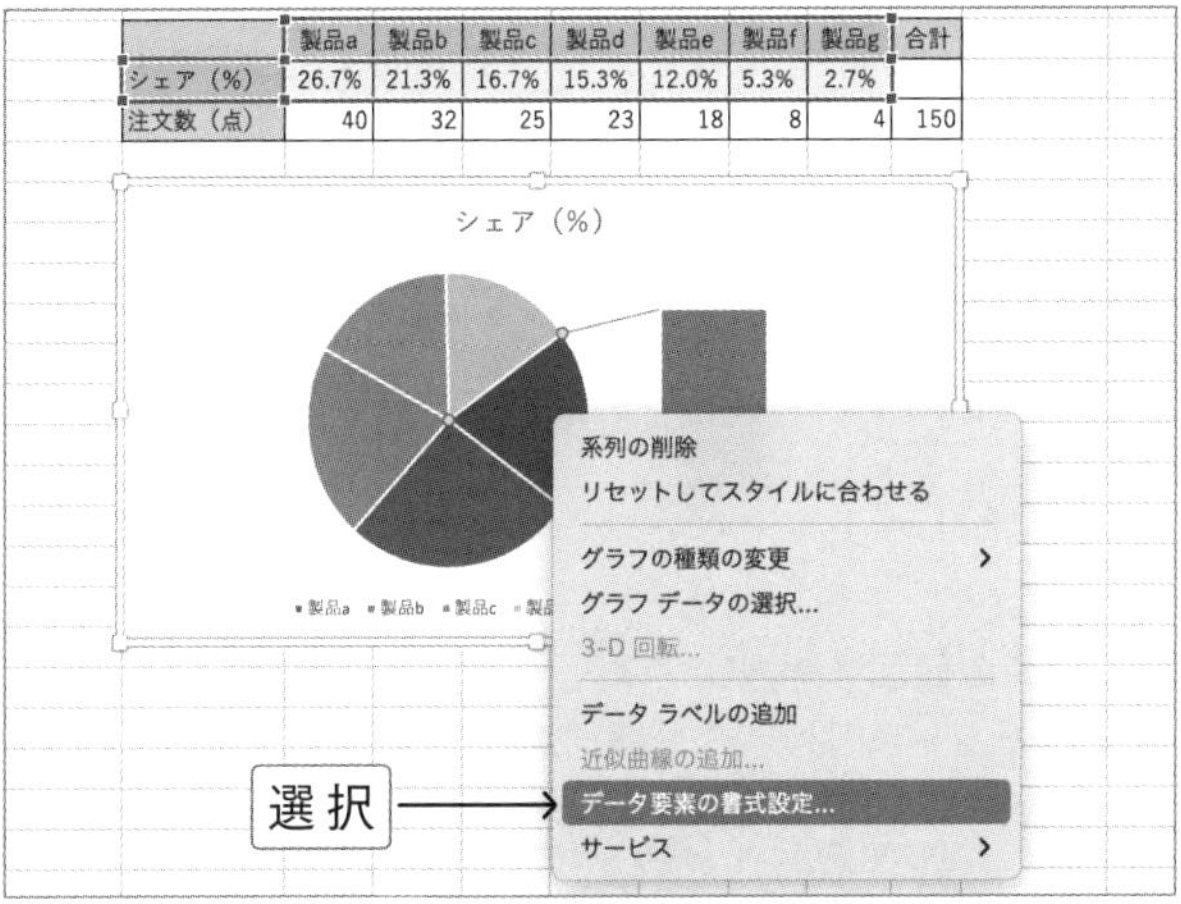

④ 補助プロットの値を設定する（通常は「3」に設定されているが、ここでは「2」に設定）。

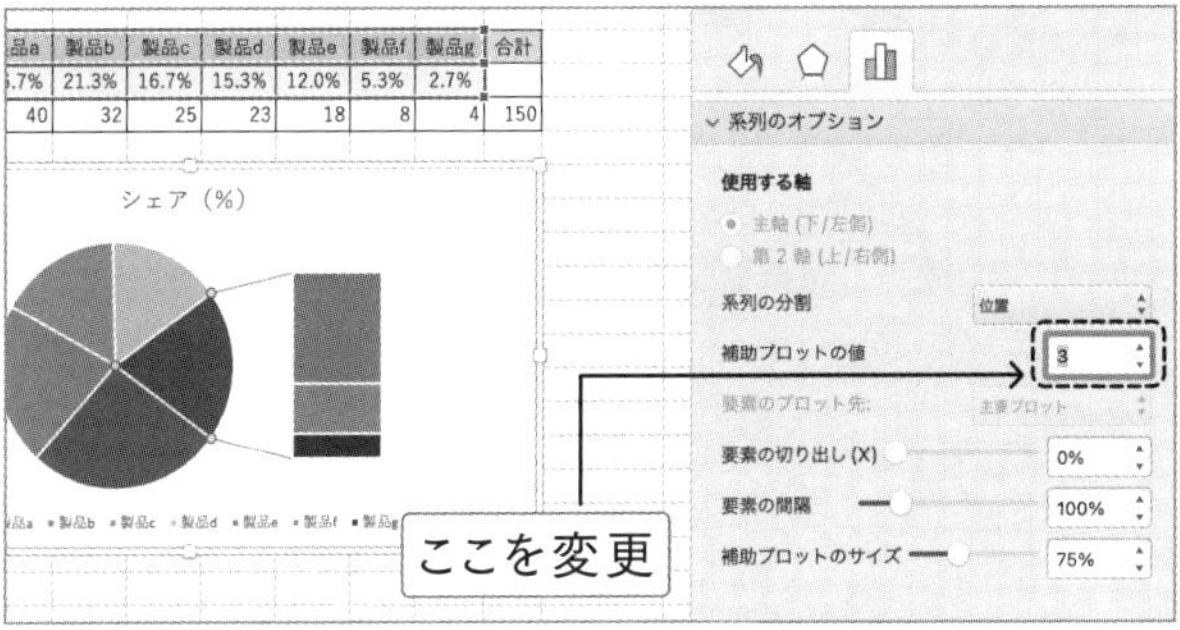

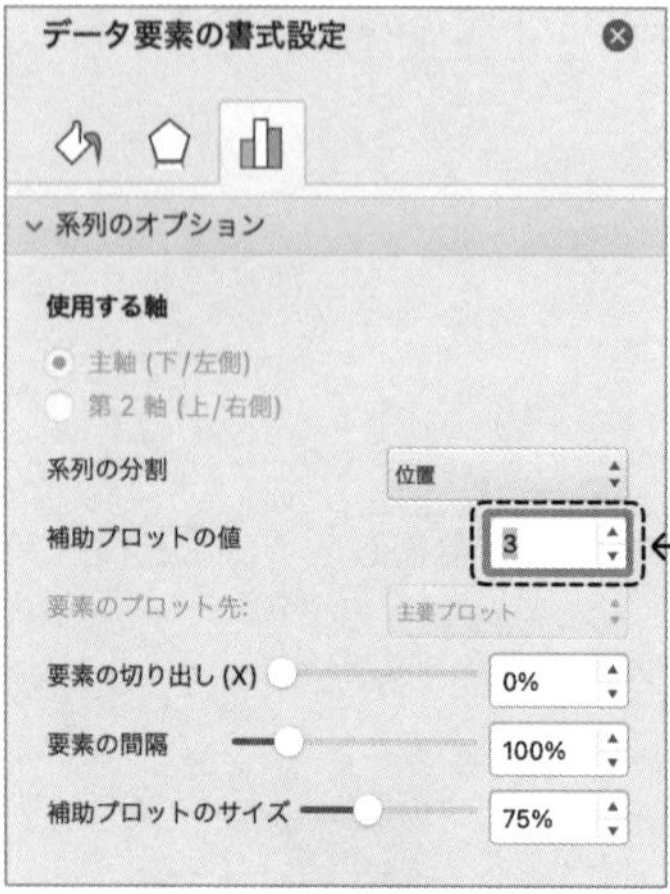

今回は製品fと製品gの2つの値を補助棒で表したいので、「補助プロットの値」を2にする

棒グラフの内訳が製品fと製品gの2つに変更された

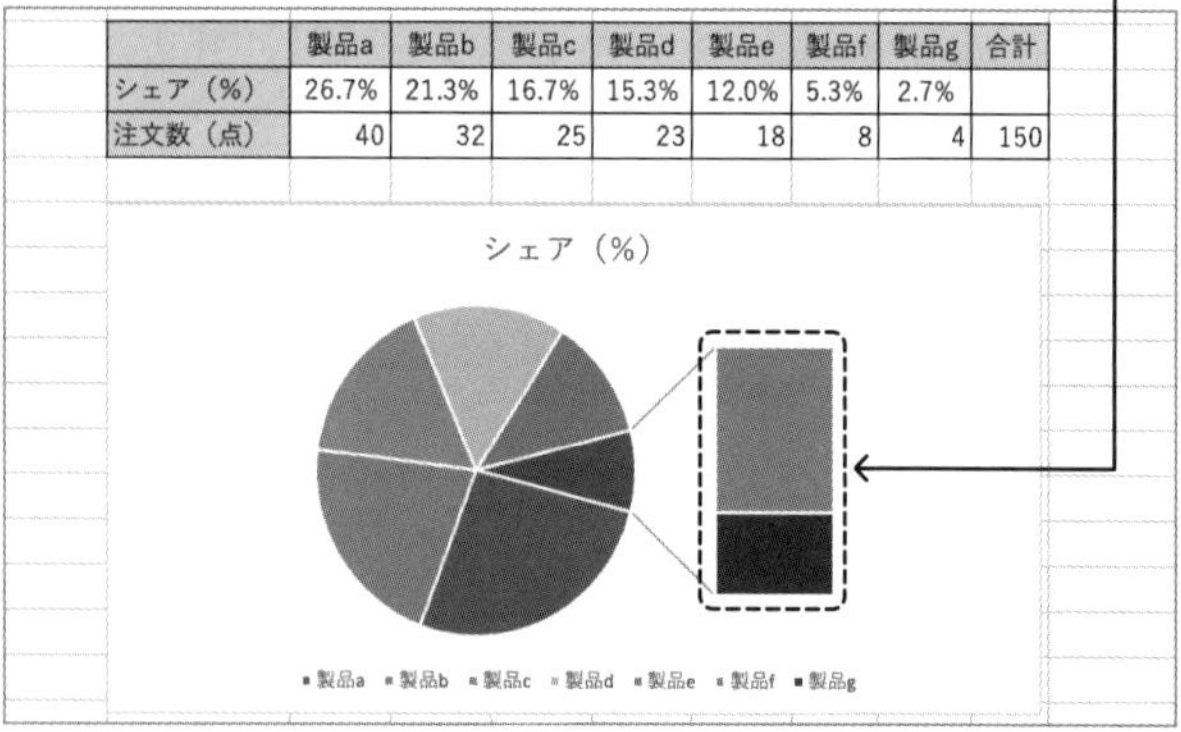

	製品a	製品b	製品c	製品d	製品e	製品f	製品g	合計
シェア（%）	26.7%	21.3%	16.7%	15.3%	12.0%	5.3%	2.7%	
注文数（点）	40	32	25	23	18	8	4	150

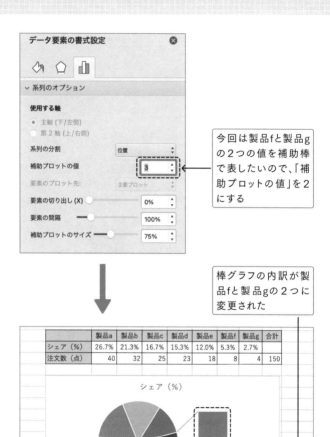

⑤ 製品aから製品eまでのシェアを下記表のように整理する。

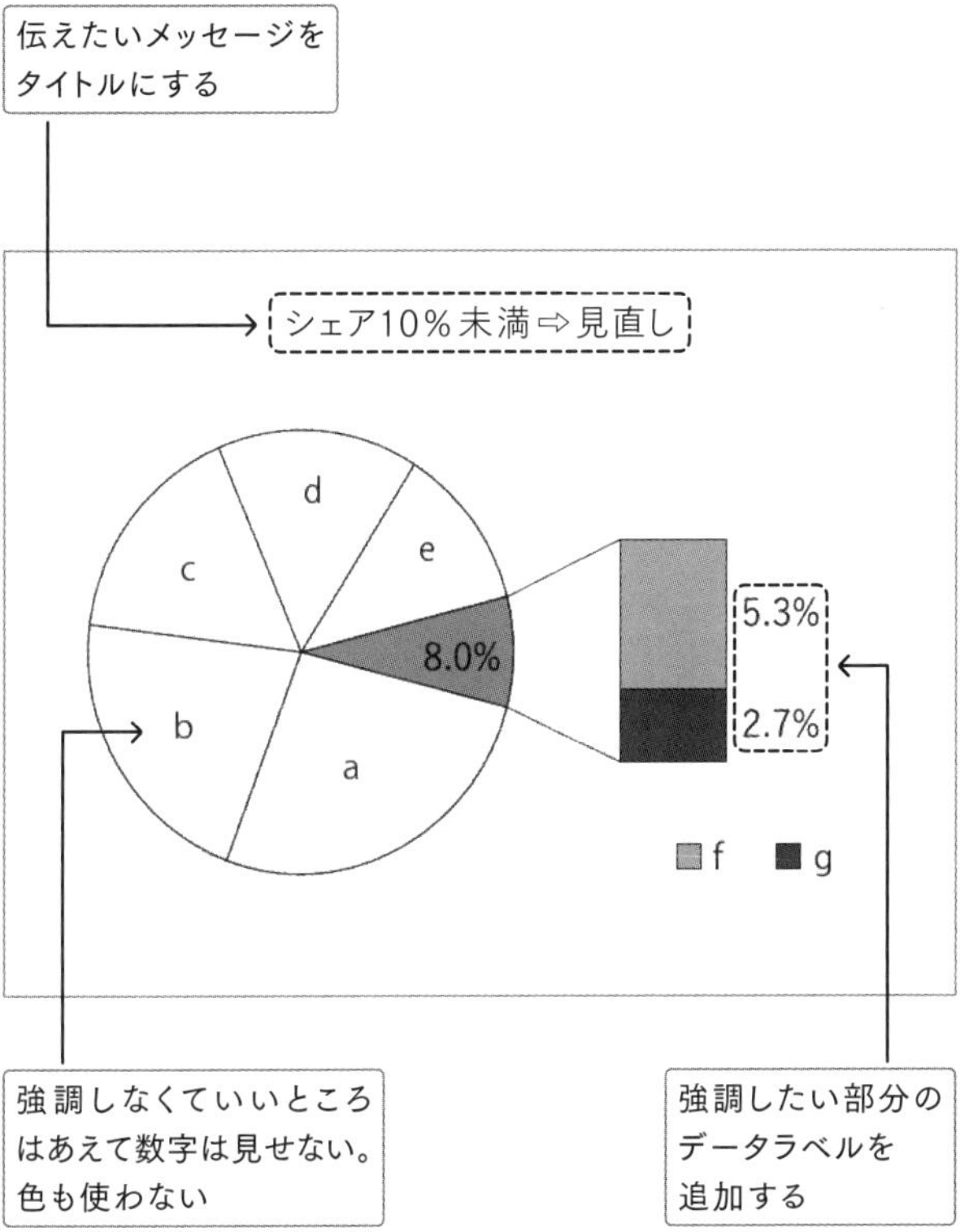

近似曲線

※本文193ページ

近似曲線

データの推移を直線でざっくり表現する

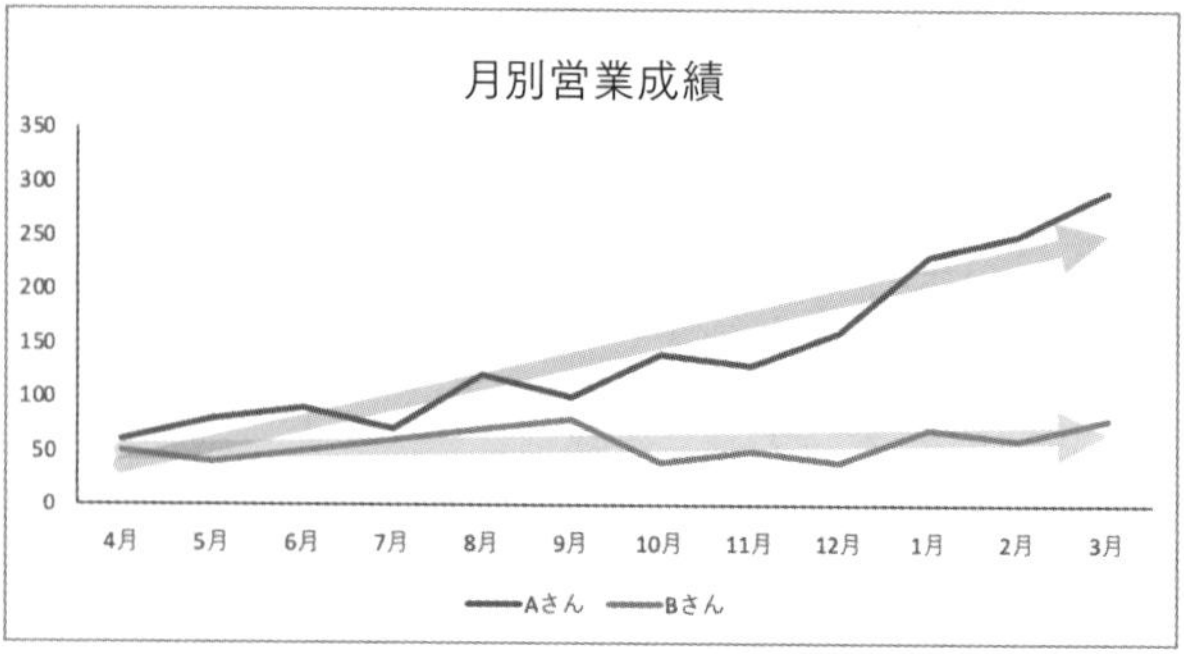

細かい変動を1本の直線で表現することにより、
推移を明確に示せる。

① 推移を表すデータを用意し範囲を選択。「挿入」タブの「グラフ」グループを選択。その中の「2－D折れ線」の「折れ線」を選択。

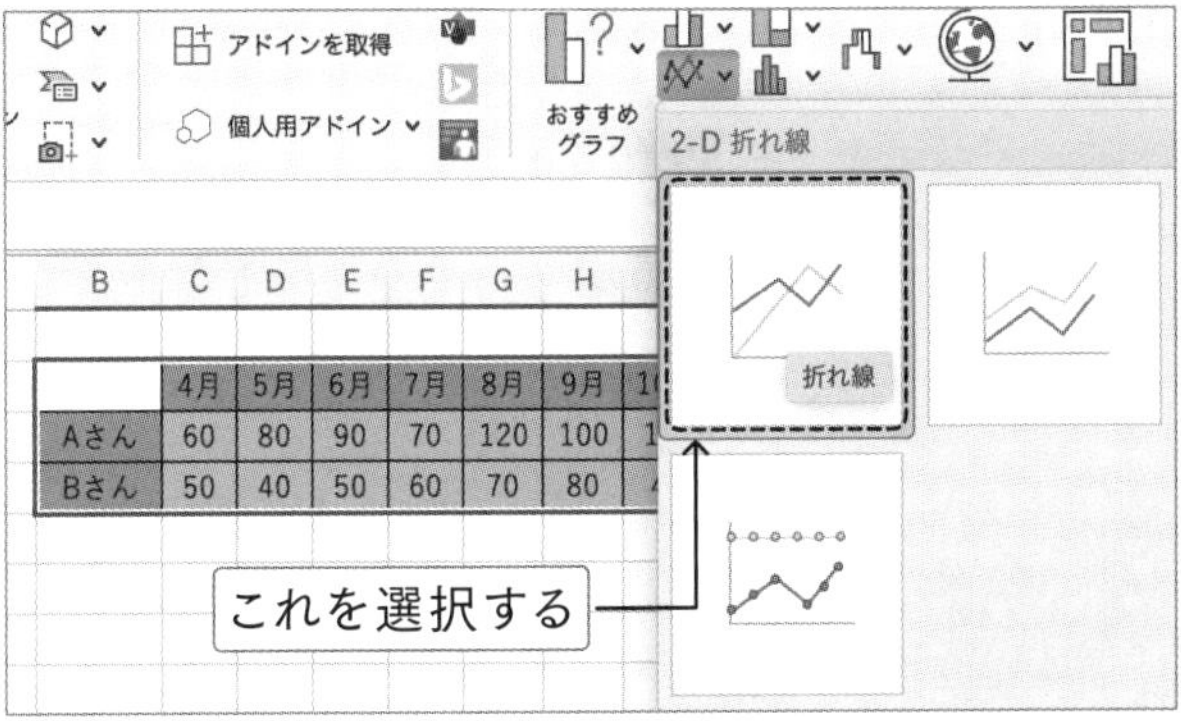

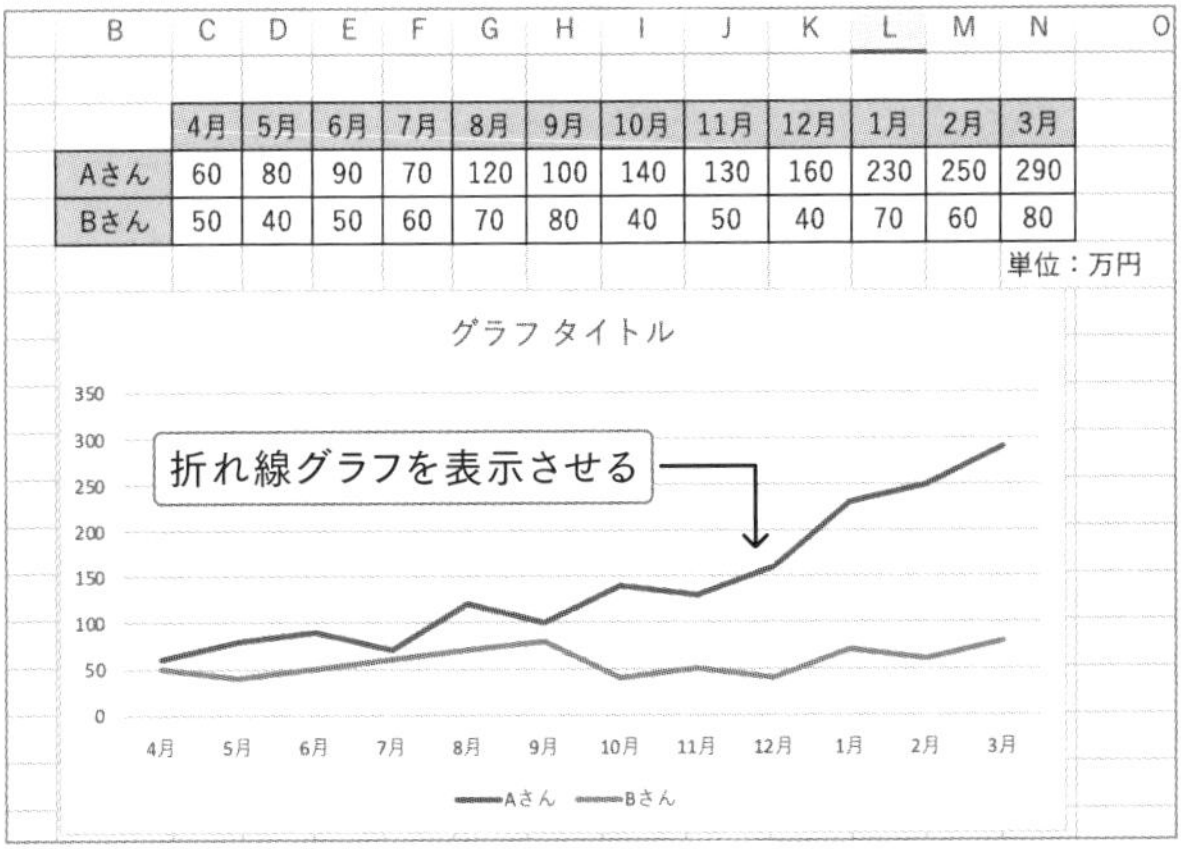

	4月	5月	6月	7月	8月	9月	10月	11月	12月	1月	2月	3月
Aさん	60	80	90	70	120	100	140	130	160	230	250	290
Bさん	50	40	50	60	70	80	40	50	40	70	60	80

② 一方の折れ線グラフを選択。グラフ上で右クリックし「近似曲線の追加」を選択。

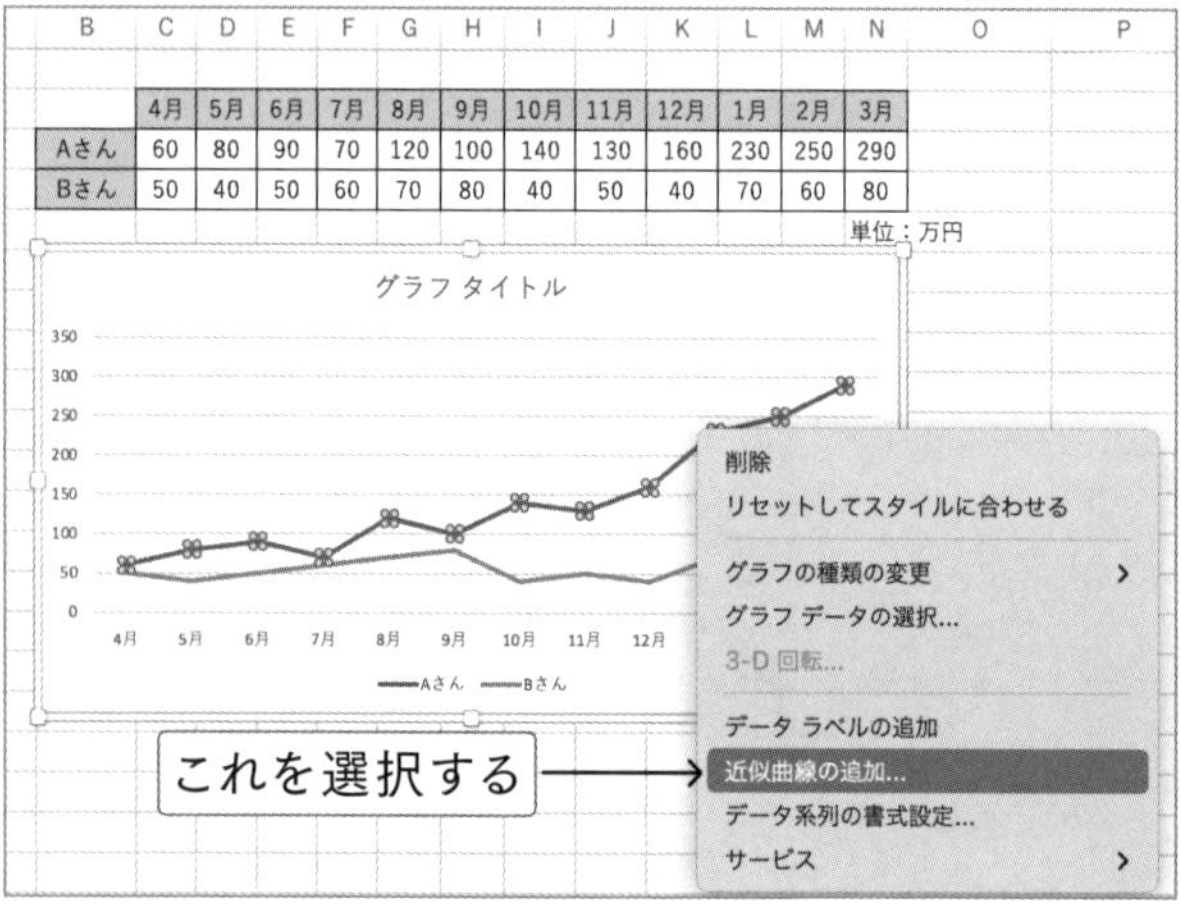

③ 近似曲線の書式設定において「線形近似」を選ぶ。

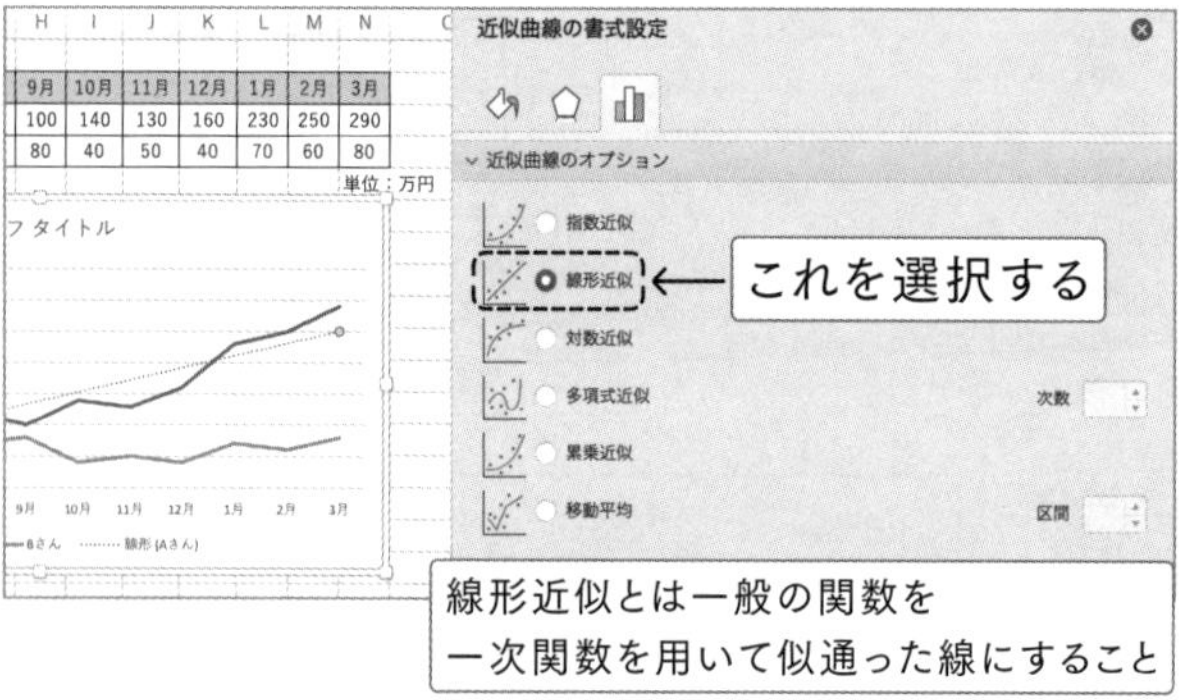

④ 線の「透明度」「幅」「終点矢印の種類」を見やすくなるように調整する。

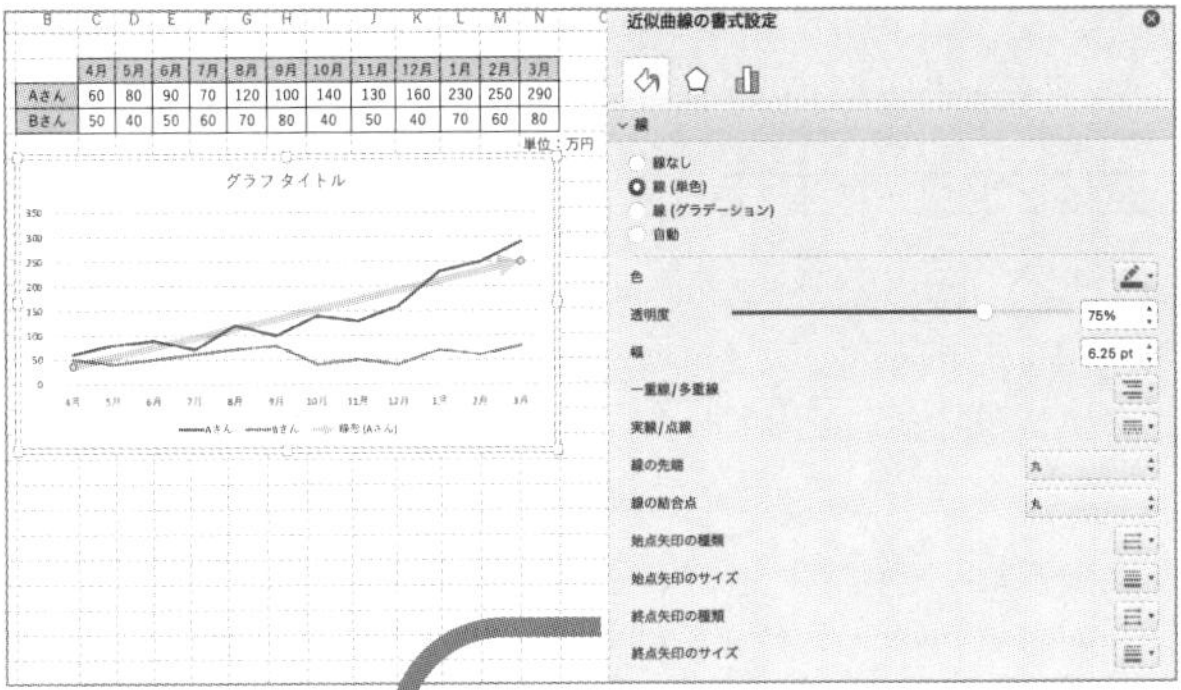

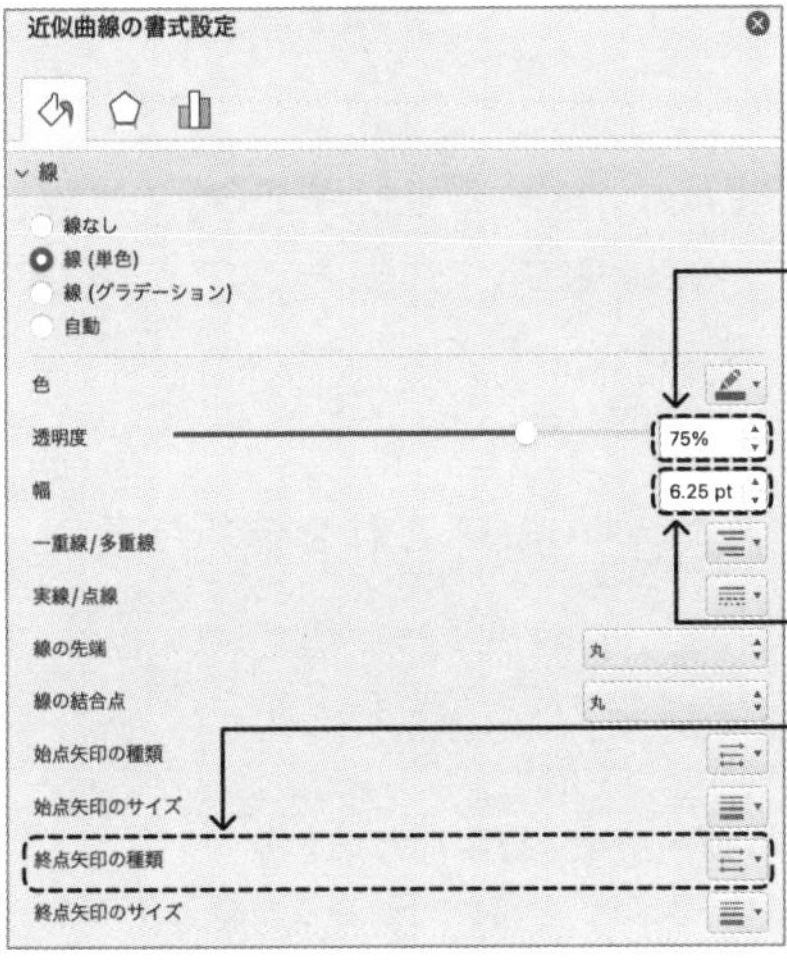

透明度を調整する。透明度は好みで良いが、目安としては50〜80%

線を透明にする分、太めに設定するのがおすすめ

終点部分を矢印にすると、伝えたい傾向がわかりやすくなる

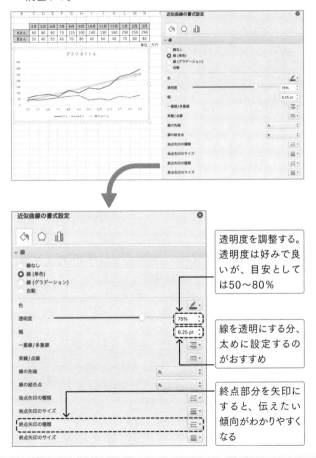

⑤ もう一方の折れ線グラフについても同様の作業をし、アレンジして見やすく整える(目盛線や凡例など)。

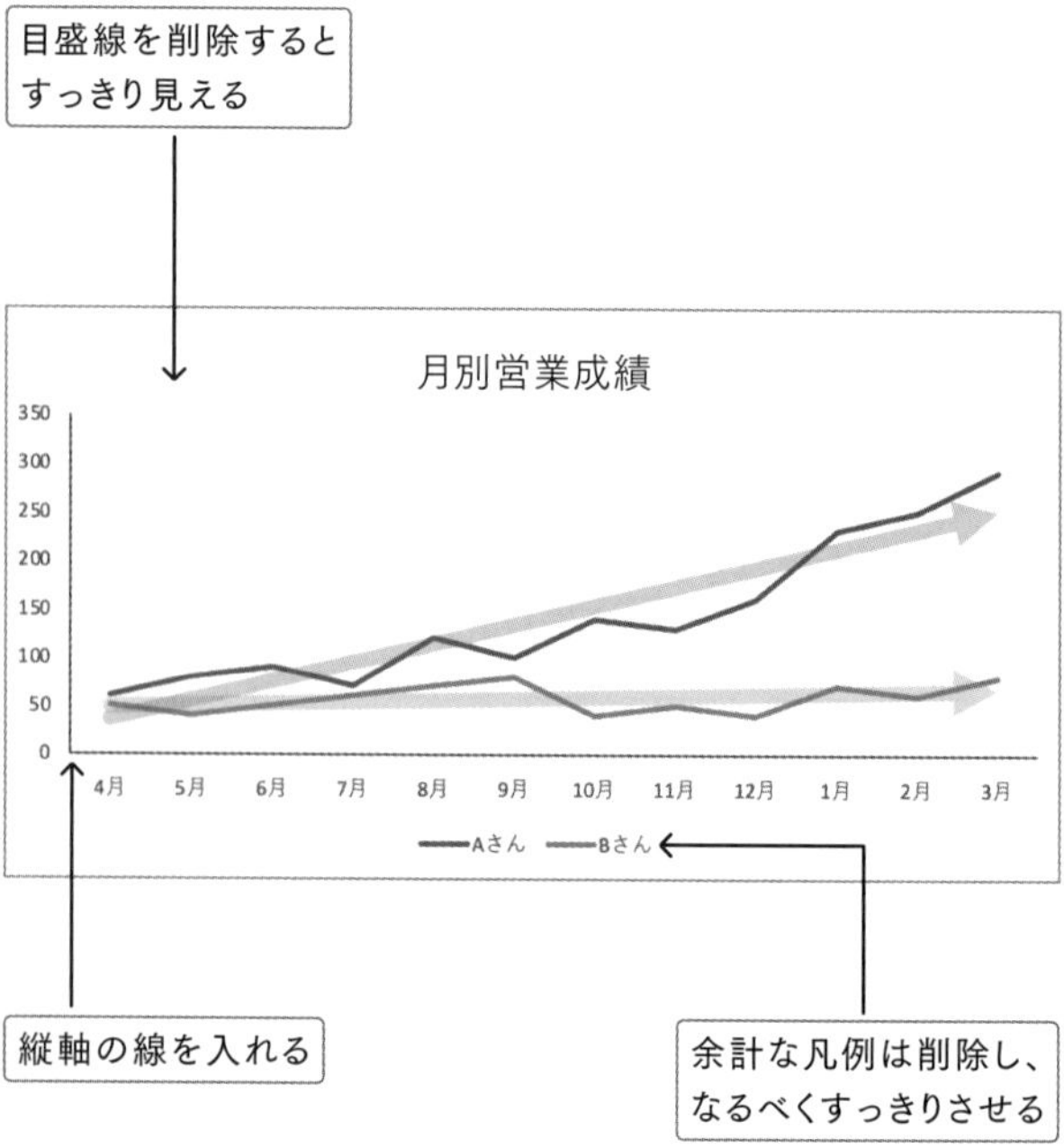

Excel 7 条件付き書式

※本文231ページ

条件付き書式

条件に基づいてデータを強調させるなどして
視覚的にわかりやすくする

1か月間に同行したアポイントの件数

	4月	5月	6月	7月	8月	9月
Aさん	25	27	30	39	41	52
Bさん	30	31	26	28	39	32
Cさん	16	20	26	19	20	26
Dさん	28	30	31	36	32	28
Eさん	32	30	26	31	27	29
Fさん	19	22	18	25	30	27

（単位：件）

トップ10、ワースト10、平均以上など
重要または強調したい箇所を視覚的に目立たせられる

① データ範囲を選択し、「条件付き書式」を選択する。

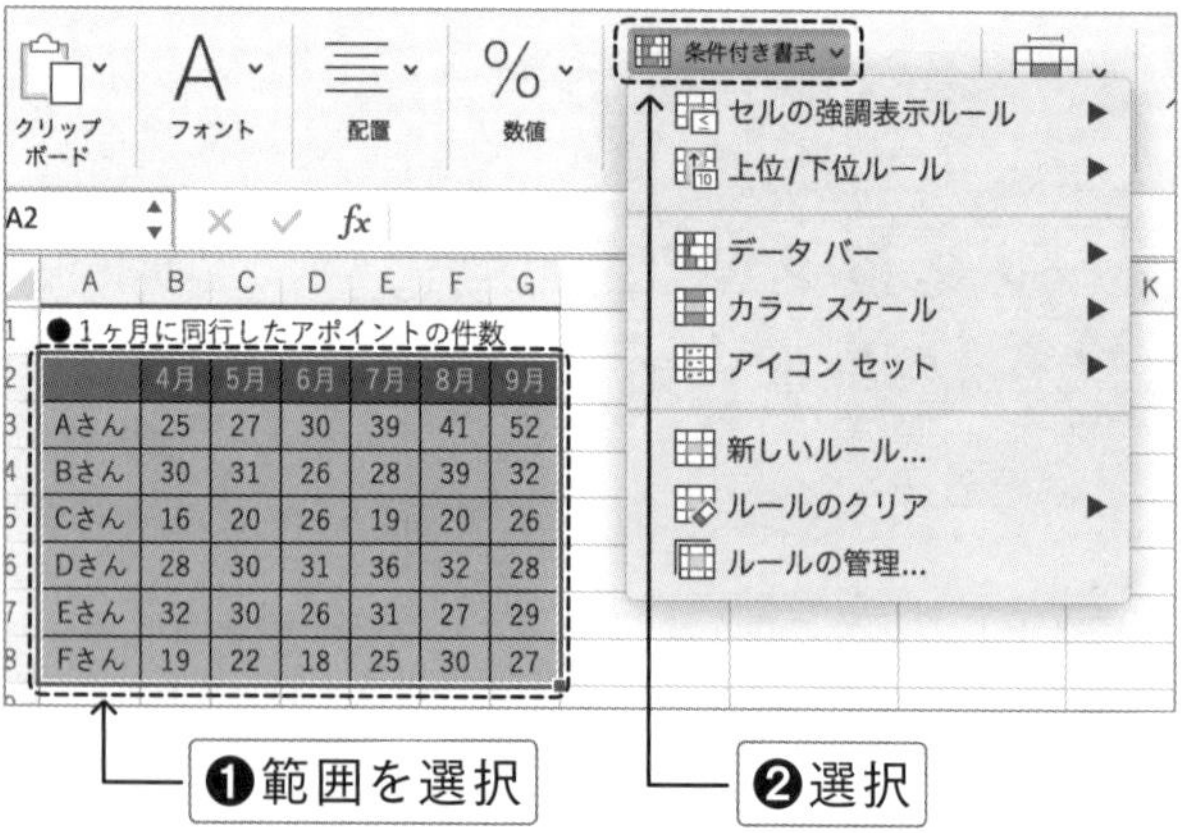

② 「条件付き書式」の中から「上位/下位ルール」→「上位10項目」を選択する。

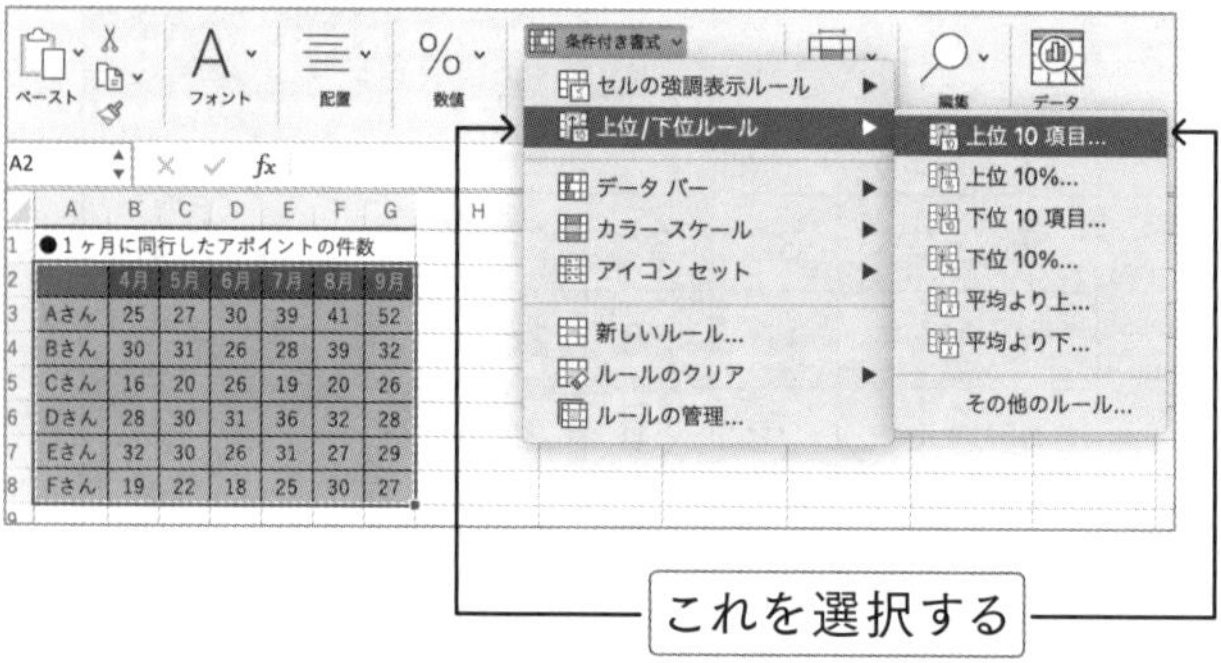

③ 文字のサイズと色を選択する。

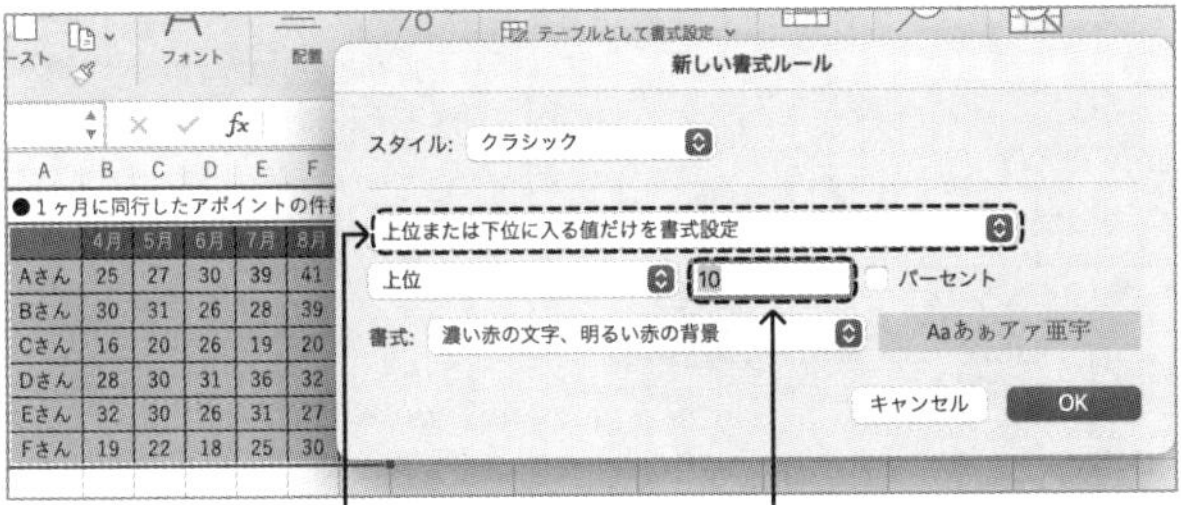

文字とセルの背景の色を設定する。背景は薄く、文字は濃くするのがおすすめ

この数字を変えると、書式を変えて目立たせるのは上位何位までにするかを設定できる

1か月間に同行したアポイントの件数

	4月	5月	6月	7月	8月	9月
Aさん	25	27	30	39	41	52
Bさん	30	31	26	28	39	32
Cさん	16	20	26	19	20	26
Dさん	28	30	31	36	32	28
Eさん	32	30	26	31	27	29
Fさん	19	22	18	25	30	27

（単位:件）

Excel 8 スパークライン

※本文231ページ

スパークライン

1つのセルに収まる小型のグラフを表示する

1か月間に同行したアポイントの件数

	4月	5月	6月	7月	8月	9月	
Aさん	25	27	30	39	41	52	
Bさん	30	31	26	28	39	32	
Cさん	16	20	26	19	20	26	
Dさん	28	30	31	36	32	28	
Eさん	32	30	26	31	27	29	
Fさん	19	22	18	25	30	27	

（単位：件）

数値とグラフで傾向を一目で把握できる。

① Aさんのデータの範囲を選択し、「挿入」タブの「スパークライン」を選択。次に「折れ線」を選択。

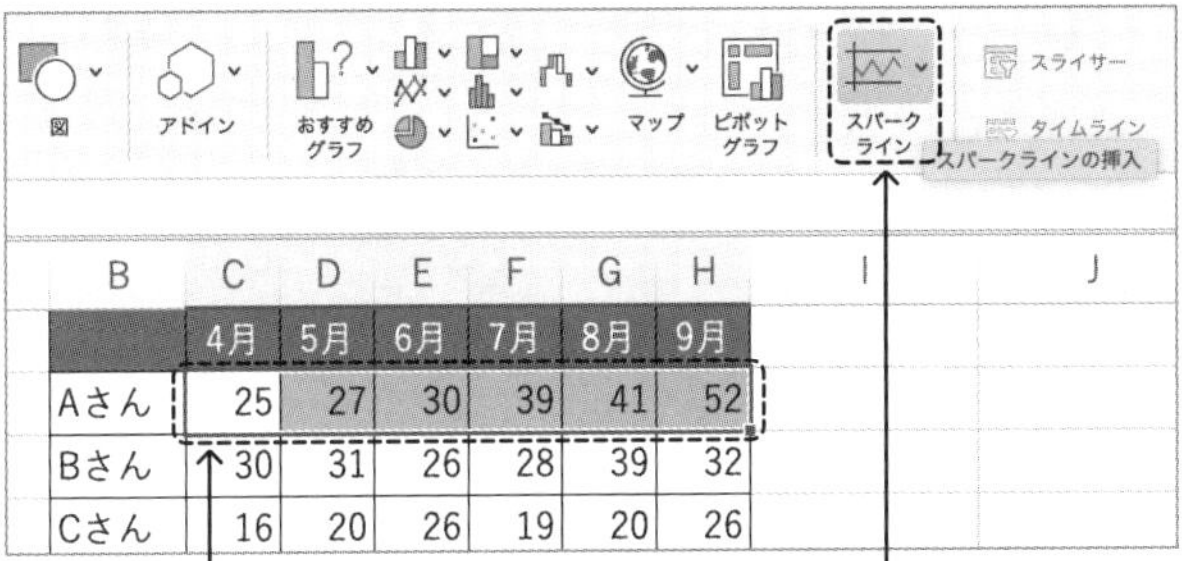

❶データを選択
❷選択

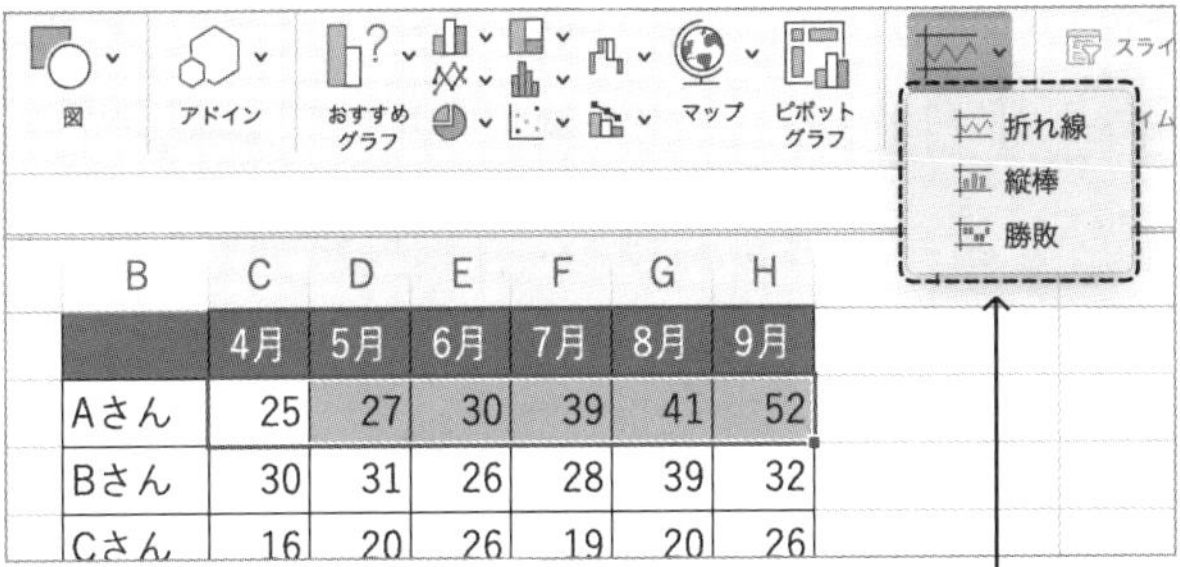

❸「折れ線」を選択

②「スパークラインを配置する場所を選んでください」に表示させたいセルを選択。

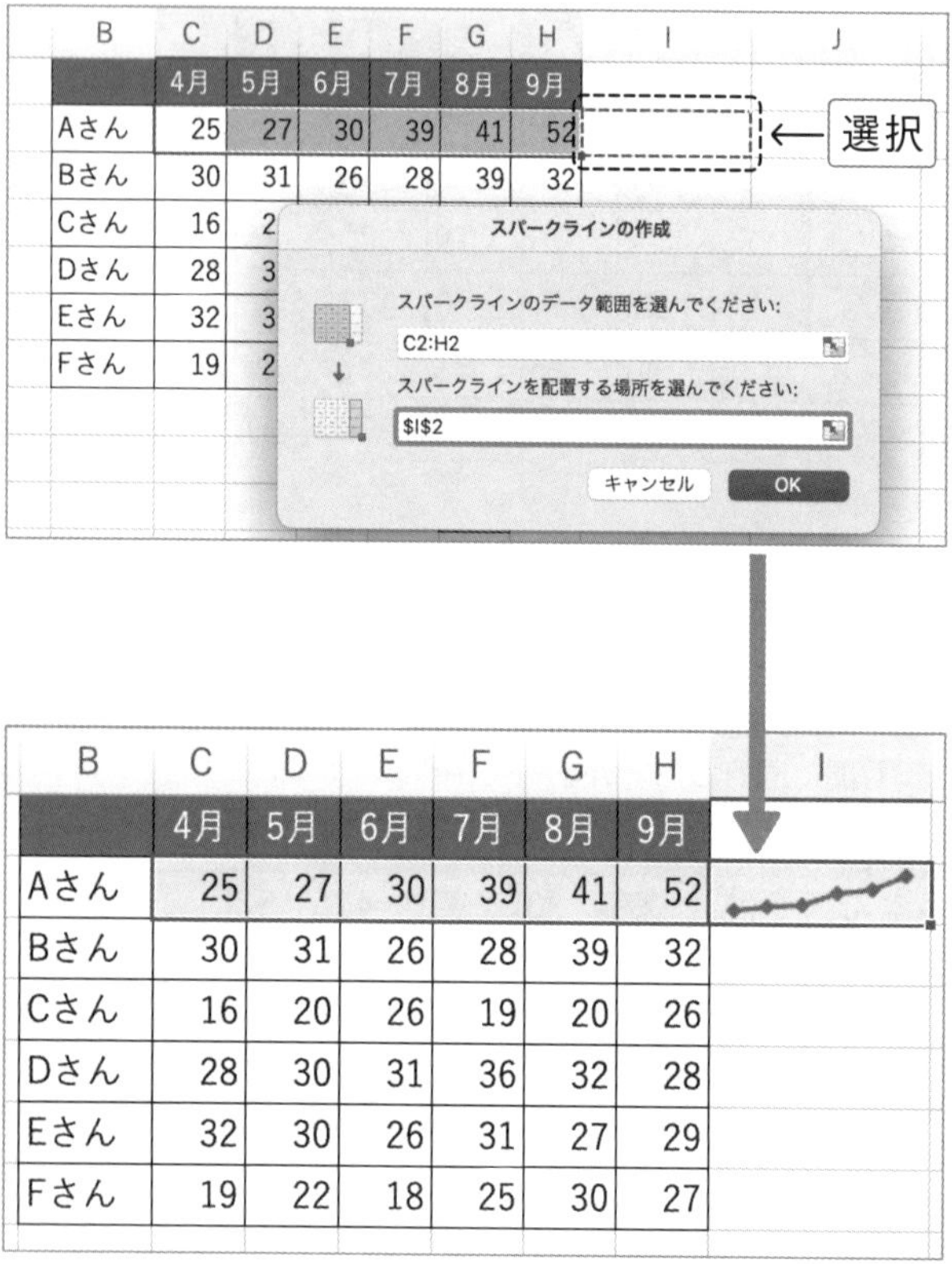

	4月	5月	6月	7月	8月	9月	
Aさん	25	27	30	39	41	52	
Bさん	30	31	26	28	39	32	
Cさん	16	20	26	19	20	26	
Dさん	28	30	31	36	32	28	
Eさん	32	30	26	31	27	29	
Fさん	19	22	18	25	30	27	

③ 同様にBさんからFさんのデータについても表示させる。

B	C	D	E	F	G	H	I
	4月	5月	6月	7月	8月	9月	
Aさん	25	27	30	39	41	52	
Bさん	30	31	26	28	39	32	
Cさん	16	20	26	19	20	26	
Dさん	28	30	31	36	32	28	
Eさん	32	30	26	31	27	29	
Fさん	19	22	18	25	30	27	

↓

1か月間に同行したアポイントの件数

	4月	5月	6月	7月	8月	9月	
Aさん	25	27	30	39	41	52	
Bさん	30	31	26	28	39	32	
Cさん	16	20	26	19	20	26	
Dさん	28	30	31	36	32	28	
Eさん	32	30	26	31	27	29	
Fさん	19	22	18	25	30	27	

（単位：件）

巻末資料

ChatGPT活用術 & Excel操作法

- Excel2021を使用したパソコンの操作方法について、掲載しています。すべての製品やサービスが本書の手順と同様に動作することを保証するものではございません。端末やバージョンによって表示や操作方法が異なる場合がありますので、あらかじめご了承ください。
- ChatGPTは毎回異なる回答を行います。本書で紹介する回答はその一例にすぎません。なお本書ではGPT-3.5による回答を掲載しています。
- 本書は情報提供を目的としています。これらの情報による運用結果については、著者および弊社では一切の責任を負いかねますため、ご自身の責任でご判断ください。

本書は日本実業出版社より刊行された『入社1年目からの数字の使い方』を文庫収録にあたり、改題のうえ、加筆したものです。

深沢真太郎（ふかさわ・しんたろう）
ビジネス数学教育家。明治大学客員研究員。BMコンサルティング株式会社代表取締役。一般社団法人日本ビジネス数学協会代表理事。国内初のビジネス数学検定1級AAA認定者。
1975年神奈川県生まれ。幼少の頃より数学に没頭し、日本大学大学院総合基礎科学研究科修了後、大学院にて理学修士（数学）を取得。予備校講師、外資系企業の管理職などを経て、2011年に「ビジネス数学」を提唱する研修講師として独立。大手企業やプロスポーツ団体の研修を手がけ、数字や論理思考に強いビジネスパーソンの育成に務める。2018年からビジネス数学インストラクター養成講座を開講。指導者の育成にも従事している。
主な著書に『「数学的」な仕事術大全──結果を出し続ける人が必ずやっている』（東洋経済新報社）、『数学的に考える力をつける本』『そもそも「論理的に考える」ってどうすればできるの？』（以上、三笠書房《知的生きかた文庫》）など多数。

知的生きかた文庫

入社《にゅうしゃ》1年目《ねんめ》から、仕事《しごと》の数字《すうじ》に強《つよ》くなる本《ほん》

著　者　深沢真太郎《ふかさわしんたろう》
発行者　押鐘太陽
発行所　株式会社三笠書房
〒一〇二-〇〇七二　東京都千代田区飯田橋三-三-一
電話〇三-五二二六-五七三四〈営業部〉
〇三-五二二六-五七三一〈編集部〉
https://www.mikasashobo.co.jp
印刷　誠宏印刷
製本　若林製本工場

ISBN978-4-8379-8870-0 C0130

C20046